RAPPORT

SUR

L'ÉTAT ÉCONOMIQUE ET MORAL

DE LA CORSE.

INSTITUT ROYAL DE FRANCE.

RAPPORT

SUR

L'ÉTAT ÉCONOMIQUE ET MORAL

DE LA CORSE

EN 1838,

PAR M. BLANQUI.

Lu dans les séances des 18 et 27 octobre, 10 et 17 novembre,
8 et 22 décembre 1838.

PARIS,

TYPOGRAPHIE DE FIRMIN DIDOT FRÈRES,

IMPRIMEURS DE L'INSTITUT, RUE JACOB, 56.

RAPPORT

SUR

L'ÉTAT ÉCONOMIQUE ET MORAL

DE LA CORSE

EN 1838,

Par M. Blanqui.

Lu dans les séances des 18 et 27 octobre, 10 et 17 novembre,
8 et 22 décembre 1838.

La Corse doit à sa position insulaire l'orageuse langueur
où elle a végété depuis les premiers temps de son histoire.
Elle s'élève du sein de la Méditerranée comme une masse
volcanique, et le caractère des habitants ne manque pas
d'analogie avec la constitution géologique du pays. Son
aspect extérieur présente une surface abrupte, hérissée de
rochers granitiques, séparés par d'étroites vallées qui ressemblent, quand on les voit de haut, à des crevasses profondes plutôt qu'à des alluvions régulières. A mesure qu'on
approche de ses côtes, cette physionomie sauvage se mani-
feste d'une manière plus frappante, soit qu'on arrive par

l'Italie, soit qu'on vienne de France. Cependant la nature a
creusé de magnifiques rades, sinon des ports spacieux, tout
autour de ces rochers dont la monotonie attriste et fatigue
la vue. Des forêts aussi anciennes que le monde couronnent
la ligne de faîte qui s'étend du cap Corse aux bouches de
Bonifacio, sur une étendue de cent vingt mille hectares, peu-
plés de deux millions d'arbres; et quels arbres! Le bois d'un
seul d'entre eux a fourni 2,275 pieds cubes, à peu près le
volume de la colonne de la place Vendôme.

Toute cette lave refroidie devait nécessairement renfer-
mer des carrières précieuses de granit et de marbre; nul
pays n'en offre, en effet, une plus riche variété, et la Corse
achève en ce moment un monolithe dont elle a raison d'être
aussi fière que du grand homme à la mémoire duquel il est
destiné. Des eaux minérales douées de propriétés énergiques s'échappent des flancs de presque toutes les montagnes,
et n'attendent pour rivaliser, victorieusement peut-être, avec
les plus célèbres sources thermales du continent, que des
chemins qui y conduisent les malades, avec des établissements en état de les recevoir. La richesse naturelle de la
Corse est plus incontestable encore dans les produits de son
agriculture, favorisée par le climat le plus pur et le plus
doux de l'Europe. L'olivier y croît spontanément, sans effort
humain, sans culture, et la valeur de l'huile s'élève à plusieurs millions de francs par année; l'oranger, le citronnier,
le palmier même, y viennent en pleine terre; le mûrier, qui
fera quelque jour la fortune du pays, semble y être indigène,
tant sa végétation prospère partout où on le plante; la
vigne y reproduit à la fois les qualités des meilleurs vins de
France et des plus fameux crus de l'Espagne. Enfin, pour

que rien ne dût manquer à cette terre de prédilection, le temps et les révolutions du sol y ont créé, sur la côte orientale, une plaine de vingt-cinq lieues de longueur dont la fécondité tient du prodige, et réalisera, au premier appel de l'homme, les récoltes merveilleuses de la Sicile et de l'Égypte, ces deux greniers inépuisables de l'empire romain. Les torrents qui descendent des montagnes deviendraient facilement de puissants moteurs industriels ou des instruments non moins fertiles d'irrigation. Ils sont tous extrêmement poissonneux, comme les étangs, dont un seul, près de Bastia, est affermé d'une manière très-avantageuse.

Comment donc se fait-il que la Corse, si heureusement partagée sous le rapport du climat, du sol et des eaux, située au centre de la Méditerranée, à portée presque égale de la France, de l'Italie et de l'Espagne, ressemble aujourd'hui si peu aux pays qui l'entourent, et marche d'un pas si lent dans la carrière de la civilisation ? Pourquoi ses vallées pittoresques sont-elles veuves de voyageurs, et ses belles rades dépourvues de vaisseaux ? Par quel motif nos constructeurs se déterminent-ils à aller chercher des bois au Canada ou en Russie, tandis que la Corse regorge de chênes blancs et de chênes verts, de hêtres et de pins innombrables, que le domaine ne peut pas toujours vendre au prix de soixante-quinze centimes le pied ? Pourquoi cette île, qui pourrait nourrir un million d'hommes, n'a-t-elle qu'une population de deux cent mille dix âmes, insuffisante à la culture du sol, et forcée d'appeler chaque année à son aide huit ou dix mille Lucquois des côtes de l'Italie ? Pourquoi enfin la Corse apparaît-elle, aux regards de l'observateur, comme une colonie onéreuse à sa métropole ?

C'est que, de temps immémorial, la Corse a toujours été traitée comme une colonie. Toutes les dominations qui ont pesé sur elle n'ont eu d'autre souci que d'en tirer des tributs, depuis les Romains jusqu'aux Génois. Toutes les résistances n'ont eu pour but, de la part des habitants, que de se soustraire à ce joug difficile à secouer dans un pays vulnérable de toutes parts, et néanmoins incapable de se suffire, à cause de son peu d'étendue. Pendant plus de quinze siècles, les Corses n'ont pu supporter ni la liberté ni la servitude. La civilisation a circulé autour d'eux sans les améliorer ni les corrompre. En face d'eux, du côté de l'est, l'Italie a produit les merveilles de la peinture, de l'architecture et de la sculpture, les chefs-d'œuvre de la poésie et de l'éloquence, et la Corse n'a pas donné le jour à un seul grand peintre, à un seul poëte, à un seul sculpteur. Il n'existe pas dans toute l'île un seul monument d'architecture, et pourtant, quand le ciel est pur, du haut de ses montagnes, on peut voir la côte de Florence, on peut y aborder en moins d'une journée : aucun souffle inspirateur n'est donc venu de la patrie de Raphaël, de Michel-Ange et du Dante? On ne parle pas tout à fait l'italien en Corse ; on ne parle pas non plus très-bien le français. Lisez l'histoire de ce peuple, vous le verrez sans cesse occupé de lui-même, inquiet, mécontent, déchiré par la discorde, gouverné par la lie des magistrats, jusqu'au moment où le sort des armes le remit aux mains de la France, qui seule assurera ses destinées. La Corse ne pouvait d'ailleurs entrer plus honorablement dans une glorieuse famille ; car dès les premiers moments de son adoption, elle éprouva les bienfaits de sa patrie adoptive ; et la France n'a cessé de les lui prodiguer, depuis lors, excepté dans les circonstances difficiles où elle eut à pourvoir exclusivement à sa propre sûreté.

C'est donc à la France qu'appartient l'honneur des premières améliorations exécutées en Corse. C'est la France seule qui a gouverné ce pays pour lui-même, pour le civiliser, non pour le pressurer ni le vendre, comme avaient fait ses anciens dominateurs.

On reconnaît aisément cette généreuse initiative, en parcourant les nombreux documents qui existent dans nos archives nationales, et qui attestent à un si haut degré la sollicitude du gouvernement français pour la Corse. Mais il n'est pas aussi facile de faire du bien à ce pays que de lui en vouloir. Mille ans d'oppression, même impatiemment supportée, de mauvais prêtres, de mauvaises lois, laissent des traces profondes dans le caractère d'un peuple; les mœurs ne se modifient point avec autant de rapidité que les institutions, et les générations gardent longtemps les infirmités morales qui leur ont été léguées par leurs pères. Quand la justice est outragée pendant plusieurs siècles, aux dépens d'un peuple, par des maîtres sans cœur et sans pitié, il s'accoutume bientôt au règne de la force, et en use au besoin, si l'occasion se présente; il se venge au lieu de plaider. Supposez le pays soumis à ce régime, couvert sur les trois quarts de sa surface de forêts impénétrables, où le criminel peut se glisser comme le serpent sous l'herbe, et il sera facile de comprendre la perpétuité de ces crimes engendrés par les haines domestiques ou par l'impunité.

Tel a été l'état de la Corse pendant la longue domination des Génois, et le plus bel éloge qu'on puisse faire des habitants de ce pays, c'est de reconnaître que, sous une influence aussi profondément immorale, ils aient conservé intactes, dans toute la fleur de leur simplicité, des vertus admirables dont le souvenir même disparaît chaque jour de la terre. Ainsi, l'esprit de famille, l'hospitalité, la tempérance, ont résisté à toutes les causes de démoralisation que la domination étrangère avait accumulées. Dans l'état d'isolement et d'individualisme où l'égoïsme des intérêts tend à précipiter notre société continentale, nous ne comprenons plus cette vive tendresse qui unit dans une famille corse tous les membres les plus éloignés, jusqu'aux arrière-petits-cousins. Nous avons peine à concevoir comment, déjà si riche de parents par lui-même, un Corse adopte en se mariant, comme siens, les parents de sa femme, les appuie de son crédit, s'il en a, et leur offre sa table, s'il ne peut disposer de sa bourse. La tendresse d'un oncle, dans ce pays, s'élève à la hauteur de celle d'un père, et les neveux rendent un culte filial à ceux dont ils reçoivent tant de soins paternels. Derrière ce rempart impénétrable de la famille, la résistance devenait plus facile, mais la discorde était plus à craindre, et la politique machiavélique du XVe siècle en profita.

C'est ainsi que, de temps immémorial, la Corse a été divisée par les circonstances mêmes qui tendaient à y conserver l'union. De profondes rivalités se sont établies entre les familles, et y ont été habilement entretenues. La fatale maxime : *Divisez pour régner* y devint le principe du gouvernement des étrangers ; et bientôt ceux-ci, en distribuant d'une main partiale la justice et les honneurs, allumèrent des haines incurables d'où naquit cette autre maxime non moins funeste : *Point de salut hors de la famille.* Il y eut des familles dominantes, des familles *caporales*, dont les chefs, vrais chefs de clans, n'ont pas cessé, malgré les révolutions dont la Corse a été le théâtre, de rêver la vieille suprématie de leurs pères. C'est cette ambition qui trouble encore aujourd'hui une foule de têtes grises, et qui donne aux élections municipales un caractère si remarquable. Il se dépense dans certaines communes plus d'énergie pour la nomination d'un maire qu'il n'en faudrait à une armée pour gagner vingt batailles, et plus d'un conseiller municipal n'a dû son élection, dans un hameau de cinq cents âmes, qu'à des combinaisons d'une profondeur digne du sénat de Venise. Que devient la justice civile, quand le hasard ou l'influence des élections la fait tomber aux mains d'un de ces chefs de famille si laborieusement élus et que le justiciable appartient à une famille rivale? et si c'est la justice criminelle, que deviennent l'impartialité des arrêts et la sécurité des personnes? Je ne fais qu'indiquer le danger, j'aurai bientôt à prouver qu'il existe.

Le mal de la discorde qui dévore la Corse ne vient pas seulement de la rivalité des familles et de l'ambition assez vulgaire, ailleurs aussi, de dominer autour de soi : la nature même du sol semble en avoir jeté le germe entre les différentes parties de l'île. Il y a des différences profondes entre l'Est et l'Ouest, entre le Nord et le Sud, et ce qui est vrai d'une région ne l'est pas toujours de la région opposée. Bastia, la ville du commerce, la Marseille de la Corse, ne ressemble en rien à Ajaccio, chef-lieu de l'administration et siége de la préfecture. Tout est vie et mouvement dans la première de ces villes, beaucoup plus peuplée que la seconde ; tout est calme dans celle-ci, d'ailleurs plus élégante et mieux bâtie. A peine quelques vaisseaux de guerre viennent visiter de temps en temps son golfe magnifique ; et sans le paquebot hebdomadaire de la correspondance, le continent n'aurait que des relations fort rares avec la ville natale de Napoléon. Bastia, qui n'a pas un port digne de son importance commerciale, réunit toutes les conditions de prospérité; de sorte que la navigation est nulle aux lieux où la nature a ouvert l'un des plus beaux mouillages du monde, et le mouillage insuffisant sur le point où la navigation acquiert de jour en jour une extension nouvelle. Toute la côte occidentale, depuis Saint-Florent, autre golfe admirable, où l'empereur voulait recommencer Toulon, offre le même contraste de la solitude et de la beauté des rades, tandis que sur le rivage oriental, de Bastia à Porto-Vecchio, dans une étendue de vingt-cinq lieues, la plaine fertile d'Aléria ne compte, au lieu de ports, que des marais infects et pernicieux.

Ces deux capitales se disputent depuis longtemps la prééminence dans l'île. Jadis on avait espéré les mettre d'accord en divisant la Corse en deux départements; mais leur population peu nombreuse a été plus tard réunie en un seul, et il a fallu partager entre les deux villes rivales les attributions et les autorités. La préfecture, l'académie, l'évêché, ont été placés à Ajaccio; le quartier général, la cour royale, sont restés à Bastia. Cependant la situation excentrique des deux capitales ne leur permet d'exercer qu'une influence imparfaite sur la civilisation générale du pays. Ces deux villes, quoique réunies par une route royale, la seule de quelque importance aujourd'hui achevée, n'ont que des communications très-difficiles avec le reste de l'île. L'action des magistrats est bien affaiblie à trente lieues de distance, dans un pays sans chemins praticables, et dont je puis certifier à l'Académie l'état vraiment affreux, car j'y ai parcouru plus de cent lieues à

cheval. Par une singularité aussi curieuse que déplorable, il
s'est trouvé en Corse que tous les villages, sans exception, sont
situés sur des hauteurs, où ils apparaissent de loin, tout gris,
comme des aires d'aigle suspendues aux rochers. La plupart
sont véritablement inaccessibles, et la route royale qui joint
Bastia à Ajaccio par Corte n'en traverse que deux, sur une
longueur de trente-trois lieues. Le même sort attend presque
tous les autres villages situés dans la direction des routes
classées ou projetées, parce que le tracé de ces routes, nécessairement asservi au niveau des vallées, ne saurait s'élever jusqu'aux habitations aériennes des montagnards. Tôt ou tard
il faudra que les Corses descendent dans les plaines, s'ils veu-
lent profiter des bienfaits de la civilisation et des sacrifices
de la mère patrie : leur domicile actuel est incompatible avec
le progrès des richesses. Tant que les habitants refuseront de
quitter leurs observatoires, ils demeureront contemplateurs,
et ils seront obligés de vivre de laitage et de châtaignes,
comme ont fait leurs pères depuis plus de mille ans.

Le voyageur n'apprend pas sans surprise que cet isolement
absolu des villages est tel, que deux communes adossées aux
flancs de la même montagne, et séparées seulement par un trajet de quelques heures, demeurent sans communication d'aucune sorte pendant plusieurs années. Toute trace de sentier
disparaît entre elles, et il est extrêmement difficile de se re-
trouver dans ces affreuses solitudes, où, durant une journée
de marche pénible, on ne rencontre pas une cabane, pas un
berger, pas un être vivant. J'ai parcouru ainsi, au prix d'une
fatigue extrême, plusieurs localités où notre arrivée produi-
sait l'effet d'une véritable apparition. On examinait avec une
curiosité bienveillante nos vêtements, nos armes, nos chaus-

sures, et nous aurions pu nous croire dans quelque région lointaine et inconnue, à voir les longues barbes et la physionomie martiale de ces braves gens. Les enfants, généralement très-nombreux, sont d'une vivacité et d'une intelligence remarquables. Ils fréquentent assidûment les écoles; ils en suivent les cours avec avidité, avec profit; et si ce mouvement continue, avant peu d'années, il n'y aura pas dans tout le pays un seul enfant qui ne sache lire et écrire. Toutes mes espérances de régénération morale pour la Corse reposent sur les enfants. Je n'en ai vu nulle part d'aussi précoces, d'aussi attentifs, d'aussi graves, d'aussi curieux. C'est une véritable race d'élite, et j'aurai bientôt occasion d'en offrir à l'Académie des preuves convaincantes. Avec de tels enfants et une telle terre, la Corse doit devenir un des plus beaux départements de la France; il ne s'agit que de semer avec intelligence, et d'éviter que le sol soit en proie aux bruyères et la jeunesse à l'oisiveté.

Les femmes seules ne semblent prendre aucune part au mouvement réformateur qui se prépare en Corse. Je n'a pu y découvrir une seule école de filles, et il n'existe, depuis une année seulement, qu'une seule pension de demoiselles à Ajaccio; encore a-t-il fallu la soutenir au moyen d'une subvention départementale. Je ne sais si l'on doit blâmer le peuple corse ou le plaindre de cette indifférence pour l'éducation, j'ai presque dit pour la dignité des femmes; mais je n'ai pas souvent obtenu la faveur de voir dîner à la table du *maître*, comme elles disent, les épouses, les sœurs ou les filles des chefs de la famille dont je recevais l'hospitalité. Il n'est pas rare de rencontrer des hommes à cheval, accompagnés de leurs femmes marchant nu-pieds et lourdement chargées. On

les marie fort jeunes, et leur aspect généralement pâle et lan-
guissant n'atteste que trop les souffrances précoces auxquelles
elles sont assujetties. Elles nourrissent toutes leurs enfants
avec une grande sollicitude, et les crimes d'infanticide sont
extrêmement rares parmi elles, ainsi que les autres crimes.
C'est même un fait intéressant et digne d'être recueilli par la
statistique, que cette énorme différence qui existe en Corse
entre le petit nombre de poursuites dirigées contre des femmes, et le grand nombre de crimes commis par les hommes.
En Corse, on tue plus qu'on ne vole, et les femmes ne tuent
pas. La domesticité y étant à peu près inconnue, à raison de
ce que chaque mère de famille remplit les fonctions de ser-
vante, les vols domestiques y manquent, si j'ose dire, de
matière première. Le nombre des enfants trouvés n'est pas
non plus considérable : les pères naturels, presque toujours
connus, courent trop de danger à reculer devant une réparation, et généralement ils ne la font pas attendre. Si la re-
cherche de la paternité n'était pas interdite, je pourrais dire
à l'Académie quelle classe d'hommes passe dans le pays pour
fournir aux hospices le peu d'enfants qu'on y apporte ; mais,
dans un sujet aussi délicat, il ne faut rien hasarder.

Toutes ces anomalies, et d'autres encore dont nous aurons
à parler, doivent être attribuées, avant tout, à l'état d'isolement où l'absence presque totale de routes et même de sentiers praticables a maintenu les différentes parties de l'île.
Très-peu d'habitants du cap Corse ont visité les environs de
Bonifacio, et la population de Sartène est aussi étrangère à
celle de Bastia que les Alsaciens le sont aux Bas-Bretons.
Telle est la configuration particulière de ce pays, que l'on
cite des villages à peine éloignés l'un de l'autre de trois

lieues, Bocognano et Vivario, par exemple, dont le premier
passe pour un repaire de bandits, tandis que le second n'a
jamais fourni un seul prévenu aux tribunaux correctionnels.
Ces deux localités, les seules qu'on rencontre, depuis Corte,
sur la route royale d'Ajaccio à Bastia, ne sont séparées que
par la forêt de Vizzavona; mais rien ne saurait donner une
idée de l'aspect farouche et redoutable des habitants de
Bocognano, tandis que la population toute patriarcale de
Vivario ressemble par la douceur de ses mœurs à nos bons
paysans du Dauphiné. Ainsi habitués à vivre séparés du
reste du monde et du reste de l'île, choisissant leurs femmes
dans le cercle fort étroit de la famille ou de la paroisse, il
n'est pas étonnant que les *autochthones* de ces oasis plus ou
moins fortunées aient persévéré de génération en génération dans les préjugés de tout genre où vécurent leurs pères.
S'agit-il de plaider ? L'objet en litige est rarement assez
important pour les obliger de recourir au tribunal de première instance; les affaires se décident presque toutes dans
le prétoire du juge de paix : aussi, le nombre de ces magistrats n'est-il nulle part plus considérable qu'en Corse; et la
répugnance des habitants à sortir de leur commune est si
généralement prononcée, qu'ils voudraient tous avoir une
justice de paix comme ils ont une mairie, dussent-ils la
payer de leurs propres deniers. Est-il question de finances,
d'écoles, de forêts ? Chaque village désirerait avoir aussi
son percepteur, son maître d'école, son garde forestier, et
réclamerait volontiers les prérogatives d'un chef-lieu de
sous-préfecture ou de canton. C'est au point que, dans la
session qui vient de finir, le conseil général, organe de
ces demandes presque unanimes, sollicitait la division de

l'île en deux départements, quoique la population actuelle
soit à peine assez considérable pour en former un seul.

L'intérêt bien entendu de la Corse nous semble exiger,
au contraire, la plus prompte modification à l'état d'isolement et de décentralisation où l'ancien régime a laissé végéter
ce pays. Il faut que tous les chefs de clans qui se le partagent,
donnent leur démission ou la reçoivent ; et le plus sûr
moyen d'y parvenir, est de forcer les petites communes de se
mettre en rapport avec les grandes villes. Dans l'état actuel
de la Corse, il n'y a pas un juge de paix qui ne soit plus
puissant que le roi ; il n'y a pas un maire qui ne puisse être,
en dépit de toutes nos lois municipales, aussi absolu qu'un
vizir. C'est ce qui explique ces appels si fréquents à la vengeance, plus expéditive que la justice lente des tribunaux, et
plus naturelle chez un peuple composé de petites agglomérations, où les adversaires, sans cesse en présence, peuvent se
provoquer du geste et de la voix. L'oisiveté, source de tant
de maux, y favorise encore celui-là, de tous les loisirs qu'elle
fait aux passions mécontentes, et de tous les moyens qu'elle
leur offre pour se satisfaire, sous prétexte de réparation.
Une autre cause, unique au monde peut-être, et particulière
à ce pays, contribue à exciter la susceptibilité, naturellement
fort vive des habitants, c'est le caractère tout à fait spécial
de la propriété parmi eux. Il est rare qu'un héritier achète
la part de ses proches ; la moindre parcelle de terre s'y sub-
divise en autant de portions que le défunt laisse de succes-
seurs, et chacun d'eux prétendant avoir la meilleure, les
haines se perpétuent avec les héritages. On voit souvent
plusieurs frères occuper les divers étages de la maison paternelle, plutôt que de la céder tout entière à l'un d'eux par

3

une transaction, et ils demeurent ainsi profondément divisés sous le toit même qui les a réunis. D'un autre côté, la situation des villages, suspendus, comme nous l'avons dit, aux flancs des montagnes, oblige les habitants à s'en éloigner, pour cultiver les terrains arables généralement situés au fond des vallées, à une grande distance de leurs maisons. Cette distance est quelquefois de sept à huit lieues de marche. Le paysan corse descend à certaines époques vers ces sortes de colonies, pour y faire les semailles et la moisson, puis il retourne à sa métropole, et y passe dans l'inaction la saison froide et celle *du mauvais air*.

Le mauvais air est, en effet, un des fléaux de la Corse, beaucoup moins par son action délétère que par les conséquences qu'il entraîne à sa suite. Chacun sait comment, peu à peu, dans ce pays, les torrents qui roulent des sommets des hauteurs, ont exhaussé le fond de leur lit et obstrué à force d'alluvions leurs étroites embouchures. Il en est résulté, principalement sur la côte orientale, des marais assez insalubres pour avoir décimé la population qui vivait sur leurs bords. Aussi, à une époque fixe, quand vient le mois de juillet, et pendant ceux d'août et de septembre, tout le monde se hâte d'abandonner ces dangereux parages. Il n'y reste personne, et la plus affreuse solitude règne dans toute la plaine, en dépit de sa fécondité merveilleuse et du magnifique ciel bleu qui la couvre. Tous les soirs, au coucher du soleil, une vapeur épaisse et grisâtre s'élève du sein de ces marais couverts de joncs et de roseaux; elle plane lourdement sur l'horizon, et recèle en ses flancs le principe de ce fièvres intermittentes pernicieuses qui brisent les constitutions les plus robustes, quand elles ne donnent pas la mort.

Malheur au voyageur imprudent qui les brave en s'abandon-
nant au sommeil! Malheur encore à celui qui s'y aventure
avant que le soleil ait absorbé à son lever cette écume de
brouillards dont les exhalaisons empoisonnent la plaine! Ce
terrible fléau n'est pas seulement redouté sur un point de la
Corse, il sévit avec plus ou moins d'intensité sur tous les
autres. Aux environs d'Ajaccio, aux portes de Bastia, à
Saint-Florent, on rencontre partout des hommes au teint
hâve et minés par la fièvre; les commandants des forteresses
du littoral s'enfuient vers la montagne avec leurs garnisons.
Cette mauvaise habitude a produit les conséquences ordi-
naires de la peur. L'ennemi, qu'on n'a point osé attaquer de
front, a gagné du terrain, et la Corse s'est vu mettre au
ban de l'Europe par la négligence de tous les gouvernements
à remplir envers elle le premier de tous leurs devoirs, celui
d'assurer la salubrité de son territoire. Il ne faut pas se le
dissimuler, la question de l'assainissement des marais est
une question de vie ou de mort pour la Corse; c'est une
dette de la communauté. Réduite à ses seules forces, cette
île est hors d'état d'accomplir une tâche aussi rude; nous
lui devons aide et protection comme si elle était en proie à
un vaste incendie. Et n'est-ce pas un fléau plus funeste,
celui qu'elle éprouve, celui qui frappe de stérilité la plus
belle partie de son sol, et qui décime ses habitants? L'État,
qui fait les routes royales pour qu'on puisse circuler, ne
doit-il pas, à plus forte raison, assainir les marais pour
qu'on puisse vivre? On va voir qu'il le doit d'autant plus,
que le crime atteint malheureusement trop souvent ceux que
la fièvre a épargnés.

En effet, les habitants qui désertent la plaine, affluent en

3.

masse sur les hauteurs où pendent leurs villages ; ils n'y exer-
cent aucune industrie, ils y cultivent à peine quelques maigres jardins. On les rencontre en été par centaines, assis ou
couchés sous les porches des églises ou bien accroupis sur les
vieux troncs des châtaigniers, autour d'un jeu de cartes, cet
autre fléau du pays. Toutes les passions fermentent alors
durant les longues heures où s'épuise en efforts trop souvent
stériles la séve exubérante de ce pays. La plus insignifiante
lutte y devient une occasion de combats et de défaites, et trop
souvent fait naître au cœur des vaincus des sentiments hai-
neux , que l'exaspération de la *vendetta* poussera jusqu'au
meurtre et l'assassinat. Les occasions de crime, augmentées
par ces loisirs de créoles, étaient bien plus fréquentes avant
le désarmement général des habitants, vigoureusement opéré
depuis quelques années, et qui a soulevé en Corse la plus
ardente polémique. Il n'était pas rare de rencontrer des troupes d'hommes armés de pied en cap; des familles entières
marchant militairement les unes contre les autres, et se livrant
des batailles sanglantes sous les yeux de l'administration
impuissante et éperdue. Aujourd'hui, ces tentatives sont devenues plus rares, et les crimes de *vendetta*, désormais réduits
aux proportions vulgaires de l'homicide simple ou compli-
qué de circonstances aggravantes, disparaissent peu à peu
de nos annales judiciaires. En même temps qu'on poursuivait
à outrance le port d'armes illicite, on rétablissait le jury,
jusque-là réputé impossible en Corse, surtout par les magistrats de l'ordre judiciaire. Ce fut une grande épreuve, et il
paraît que les commencements en ont été fort difficiles. Les
jurés ont faibli, assure-t-on, pendant les premières expérien
ces ; quelques-uns auraient cédé à la prière ou à la menace,

et la justice aurait souffert un moment de leurs hésitations. Mais bientôt le bon sens du peuple corse aurait repris son empire, et, grâce à la précaution de faire juger les criminels de l'Est par les jurés de l'Ouest, et réciproquement, aucun coupable n'a échappé, devant les tribunaux, au châtiment qu'il avait encouru. C'est un progrès remarquable et que j'ai eu occasion de constater aux dernières assises de Bastia, en suivant avec soin les débats. Nulle part, même à Paris, je n'ai vu des jurés garder une attitude plus digne, apporter une attention plus scrupuleuse et plus soutenue, et enfin rendre leurs verdicts d'une manière plus équitable et plus ferme. Ce fait paraîtra digne d'importance dans un pays où, il y a moins de cinq ans, un juré d'Ajaccio, craignant de traverser la Corse, pour se rendre par terre à Bastia, s'embarquait dans la première ville pour aller à Toulon, et revenait par mer dans la seconde, trouvant beaucoup plus sûr ce double trajet maritime de 150 lieues, que le voyage intérieur d'un littoral à l'autre. En attendant que l'Académie puisse apprécier par d'autres considérations le rôle qui appartient à la justice dans le mouvement civilisateur de la Corse, il convient d'examiner si la part qui revient au clergé, dans cette œuvre de régénération, est vraiment à la hauteur de notre temps et de notre pays. J'ai regret d'être obligé d'avouer que cette part est presque nulle, et que les 1,200 prêtres répandus dans les 355 communes de la Corse ne sont pas tous à la hauteur de la mission utile que leur ministère les appelle à remplir. Ils n'y ont pas été préparés par d'assez fortes études; il en est peu qui parlent le français, et leurs prédications ne sont que de simples paraphrases de quelques textes mal choisis des livres saints. La plupart sont aujourd'hui inférieurs en mérite aux plus modestes instituteurs qui sortent des écoles normales primaires, et leur considération s'efface trop souvent devant celle des familles influentes. Il ne reste d'ailleurs, en Corse, aucune trace de couvents, ni de moines, si ce n'est dans quelques ruines pittoresques qui attestent le bon goût des premiers fondateurs. Les églises sont généralement d'une simplicité qui se ressent de la misère du pays. Leur aspect intérieur est nu, triste, délabré; les murs n'en sont pas récrépis, et portent, presque partout, la trace des échafaudages qui ont servi à les construire. La plupart manquent de bancs, et ne se font remarquer que par d'horribles peintures représentant le squelette de la mort qui fauche impitoyablement toutes sortes de têtes, avec cette inscription philosophique et lugubre : *Nemini parco*, *Je n'épargne personne.* On ne trouve pas, néanmoins, dans les églises de la Corse, ces innombrables *ex-voto* dont la superstition a tapissé les temples catholiques de l'Italie et de l'Espagne, et j'ai remarqué, pendant les offices des jours fériés, comme un fait digne d'observation, le nombre infiniment petit des assistants du sexe masculin comparé à celui des femmes.

La véritable religion des Corses, c'est l'hospitalité. Nul peuple ne l'exerce avec cette cordialité simple et naïve qui lui donne un charme de plus, et qui inspire la reconnaissance et l'affection. Tout le monde y prend part : dès que le voyageur arrive, il appartient à la commune. Les petits enfants font ses commissions, les grands parents font son lit, l'autorité publique pourvoit à ses repas. On dirait qu'il y a dans chaque commune un véritable officier de l'hospitalité, chargé de l'exercer au nom de tous, et d'assurer au voyageur recommandé, riche ou pauvre, un souper, un gîte et un bon accueil. Quelquefois les notables du pays se partagent les soins de l'hospitalité envers l'étranger qui les visite, l'un se chargeant du logement, l'autre de la nourriture, un troisième hébergeant les chevaux et les guides. Le dernier paysan mettra la poule au pot, regrettant de ne pouvoir faire mieux, et il se retirera de sa propre demeure pour la céder, s'il n'existe pas dans son village de gîte plus convenable que le sien. Dans les longs entretiens que j'ai eus avec cette foule d'hôtes bienveillants, qui ont accueilli si gracieusement l'envoyé de l'Académie, j'ai reconnu des hommes d'un sens droit et exquis, comprenant à merveille les besoins de leur pays, convenant de ses misères, et dignes de travailler à l'en guérir, par la hauteur de leur raison et la noblesse de leurs sentiments. Je ne citerai que M. Padroni, maire de la petite commune d'Algajola, à peine peuplée de quatre cents habitants, homme admirable de bonté, de simplicité et de dignité, qui résume en lui toutes les qualités de ses compatriotes, sans en avoir les préjugés.

Ces nobles caractères demeurent malheureusement isolés dans une sorte de découragement plein de tristesse et de mélancolie. Ils usent en vaines réclamations d'un intérêt mesquin de localité, des facultés éminentes qui serviraient puissamment les intérêts généraux de leur pays, si l'on resserrait davantage le lien qui les unit. Mais c'est le malheur de la Corse que ses habitants n'aient de sympathie instinctive que pour les étrangers, et réservent exclusivement contre eux-mêmes le supplice de la haine et de la jalousie. Il n'y a pas de fléau dont il importe plus de les délivrer, en leur en exposant sans ménagement les résultats amers. Il

faut leur persuader qu'il est des améliorations collectives
dont le foyer est sur un point, et le profit partout. Qui ne
sait le débat suscité entre Bastia et Ajaccio, pour l'établissement d'un collége royal, et les difficultés qu'on a éprouvées
toutes les fois qu'il s'est agi de fonder en Corse quelque
création utile ? Ces luttes continuelles entre les rivalités lo-
cales ont servi de prétexte à l'indifférence des gouvernements, et le plus grand honneur de celui qui nous régit, est
d'avoir su réunir dans une reconnaissance commune toutes
ces municipalités exigeantes et difficiles à contenter. On commence à comprendre que la restauration intellectuelle et ma-
térielle d'un pays ne peut pas s'opérer tout d'une pièce ;
qu'il faut commencer par un point, et marcher devant soi,
selon les ressources dont on dispose, et la nature des obstacles qu'on rencontre. Qui croirait, par exemple, qu'il existe
en Corse plus d'une prison où les condamnés et les prévenus,
entassés dans les mêmes cachots, manquent de paille depuis
six mois, et couchent les uns sur des planches, les autres
sur la pierre ? Qui croirait qu'un enfant de dix-sept ans condamné à six jours de prison par suite d'une rixe, est resté
détenu pendant plus d'un mois avec des assassins ! Et cependant, l'on ne saurait accuser l'indifférence des magistrats. Il
suffit du vote tardif d'un conseil général ou de l'inexactitude
d'un fournisseur, pour atténuer les bons effets d'une mesure
salutaire. On a vu des cultivateurs recevoir gratuitement de
la pépinière départementale un grand nombre de plants de
mûriers et les laisser périr faute de moyens de transport. Le
même peuple qui se montre insensible à l'horrible état des
prisons apporte une sollicitude extrême à l'entretien des
hôpitaux. Rien n'y manque, ou plutôt les Corses vont rare-

ment à l'hôpital. C'est un devoir religieux pour chaque famille de veiller sur ses membres malades ou dénués de ressources ; aussi la mendicité est-elle a peu près inconnue dans l'île. On y use rarement du privilége des hypothèques, dont la moyenne excède à peine cinq cents francs ; et l'expropriation forcée, le plus grand des affronts qu'on puisse infliger à un Corse, n'a presque jamais de résultats, faute d'acheteurs. C'est ainsi que le fisc ne peut parvenir à faire vendre les biens des contumaces, saisis en vertu des arrêts qui les condamnent. Il ne faut pas se dissimuler que la plupart des obstacles au progrès de la civilisation viennent du pays même. Telle était l'opinion de l'empereur, qui connaissait bien ses compatriotes, et qui ne les avait point oubliés autant qu'ils le supposent. Un des princes ses frères, que j'ai eu l'honneur de visiter à Florence, en revenant d'accomplir ma mission, m'a assuré que l'intention de Napoléon avait été de travailler à la rénovation de cette île, avec des moyens suffisants pour vaincre toutes les résistances. Il voulait y gagner la cause de la civilisation en bataille rangée plutôt qu'à force d'escarmouches, et il aurait réalisé les vastes projets qu'il avait sur la Corse, s'il n'eût été distrait par des soins plus pressants. En attendant qu'un jour la France exécute ce généreux programme sur une moindre échelle, la plus légère amélioration opérée sur une route, à l'entrée d'un port, à l'embouchure d'un torrent, doit être considérée comme un bienfait pour toute la contrée. Que ce soit à Calvi, par exemple, ou bien à Algajola et à l'île Rousse qu'on organise un service de bateaux à vapeur, la Balagne entière en profitera ; le prix des excellentes huiles de cet arrondissement s'élèvera ; ses granits se vendront. De fort petites causes ont souvent produit dans ce pays des effets imprévus. Le seul établissement d'un théâtre, à Ajaccio, a suffi pour diminuer le nombre des attentats commis sur les personnes. Les registres de la police ont démontré que pendant les représentations d'hiver de la troupe italienne, les malfaiteurs suspendaient leurs projets de vengeance, soit que les rues devenues populeuses en rendissent l'exécution difficile, soit que, vaincu par l'harmonie, le poignard s'échappât des mains du criminel.

Au surplus, pour apprécier convenablement l'importance des moindres travaux de perfectionnement dans la Corse, il suffit d'examiner la configuration vraiment originale de ce pays. Sa surface est partout sillonnée de torrents dont le lit est à sec pendant l'été, et qui débordent avec abondance, soit à la fonte des neiges, soit après un orage. Qu'un seul pont soit détruit sur un de ces torrents, et la contrée entière demeure coupée en deux, jusqu'à ce que les eaux se soient retirées. Le dommage atteindra les points extrêmes du territoire aussi bien que les points les plus rapprochés du torrent. Il n'existe aujourd'hui, dans tout le littoral, qu'un seul petit phare sur le môle de Bastia. N'est-il pas évident que tout fanal élevé sur un autre point, quel qu'il soit, deviendra un bienfait pour la marine entière de l'île? Les marais du Fiumorbo sont aussi dangereux que ceux de Saint-Florent, et la vie des hommes n'est pas moins précieuse au couchant qu'au levant de la Corse. Par où donc, commencer les assainissements? Par où l'on voudra, pourvu que l'on commence : on discute là-dessus depuis trop longtemps. Les difficultés seront plus grandes encore pour le défrichement des makis et pour l'exploitation des bois.

C'est un spectacle à la fois déplorable et curieux que celui des procès du domaine avec les communes et les particuliers, au sujet des délimitations de ces propriétés immenses, éparpillées sur le flanc des rochers, dans les profondes vallées, où certainement plus d'une usurpation a été commise, mais sous la sanction des vieux usages et du temps. A l'heure qu'il est, d'innombrables exploits procurent aux huissiers des revenus certains, en attendant que les tribunaux décident à quelle catégorie d'insouciants sera remis le soin de protéger la stérilité de ces grands capitaux forestiers. Ne vaudrait-il pas mieux s'entendre pour en retirer quelque profit?

L'Académie sera probablement surprise d'apprendre que la Corse renferme plus de cinquante forêts royales, riches des plus belles essences, et dont le produit est à peu près nul. Le plus effroyable gaspillage a désolé de temps immémorial cette branche de la richesse de l'île, et la vigilance sévère de l'administration n'a pas encore pu parvenir à l'extirper. C'est dans le sein même des bois que se cache l'espèce particulière de malfaiteurs qui leur est le plus nuisible. Les bois sont en effet de deux sortes : ceux qu'on appelle *makis,* qui couvrent les trois cinquièmes de l'île, et qui ressemblent à nos taillis de dix ou douze ans; et les grandes forêts de pins, de chênes et de hêtres, auprès desquelles nos plus beaux parcs de France peuvent passer pour des amas de broussailles. Les makis sont à peu près impénétrables. La plupart des arbustes qui les composent, arbousiers, myrtes, bruyères, pistachiers-lentisques au feuillage épais et foncé, ne sont propres qu'à fournir de la potasse, après avoir servi de pâture aux chèvres et de couvert au gros bétail. Chacun

4.

les incendie selon son bon plaisir, soit pour les défricher ensuite, soit pour d'autres motifs; de sorte qu'il ne se passe peut-être pas un seul jour dans l'année sans que le voyageur rencontre la flamme sur ses pas, et ne soit exposé à perdre son chemin au milieu de ces steppes calcinées, où la trace des sentiers disparaît sous la cendre. C'est un spectacle dont la parole humaine ne saurait donner une idée, et qui n'est pas toujours sans danger pour les habitations, quoiqu'elles soient clair-semées sur la surface du pays. Un soir, en me promenant sur le bord de la mer, aux portes de Bastia, je vis les hauteurs voisines de la ville se couvrir rapidement d'une flamme très-vive; bientôt on sonna le tocsin, la générale battit, la garnison sortit précipitamment de ses quartiers pour se porter sur le point menacé. A la distance considérable où je me trouvais de l'incendie, je pouvais lire distinctement, malgré l'heure avancée de la nuit, à la lueur des flammes réfléchies par la mer : c'était un makis incendié dont le vent étendait les ravages et menaçait d'une destruction complète les beaux vignobles de la côte. Si le vent eût duré quelques heures de plus, la ville de Bastia aurait eu à trembler pour sa propre sûreté. J'exposerai tout à l'heure, en parlant des forêts, les circonstances les plus singulières de ces incendies systématiques, qui s'étendent malheureusement aux plus hautes futaies, et qui y laissent des traces douloureuses de leur passage.

Et cependant, rien ne ressemble moins aux makis que les arbres séculaires dont se composent les forêts imposantes de la Corse. Leur aspect est vénérable comme celui des vieillards; il inspire la crainte, quoique le jour y circule au travers de ces belles colonnades de pins et de hêtres de cent

pieds de hauteur, de six pieds de diamètre. Ces hardis végétaux s'élèvent souvent par milliers le long des parois ver-
ticales des montagnes, où l'on s'étonne qu'ils puissent se
soutenir, en voyant leurs racines se cramponner, comme de
grands orteils, à des blocs de granit à peine couverts de
terre. Leurs troncs sont si hauts et si menaçants qu'on les
croirait à l'abri de toute atteinte; mais souvent un berger
(le berger et la chèvre sont, avec le mauvais air, les trois
fléaux de la Corse); souvent, dis-je, un berger allume un
feu de broussailles au pied de ces colosses; il en creuse la
tige en manière de cheminée, y pend sa crémaillère, et brûle
quelquefois, avec l'aide du vent, deux cents arpents de bois
pour chauffer une pinte de lait. J'ai parcouru durant des
jours entiers ces forêts vraiment vierges, qu'on martyrise
sans pudeur, et je ne saurais exprimer les émotions pénibles
que me causait la vue des innombrables cicatrices toutes
noires dont elles sont sillonnées. C'est là tout ce qu'on a su
leur faire jusqu'ici. Dieu protége sans doute la Corse plus
qu'aucun autre pays, puisque de tels délits n'ont pas encore
dépeuplé ses forêts.

Car il ne faut pas croire qu'on plante ou qu'on sème des
arbres dans cette île favorisée du ciel. Le châtaignier seul,
l'arbre à pain du pays, jouit du privilége de la culture; on
daigne le planter: parfois même, quand il est jeune, on l'ar-
rose; mais on ne fait rien de plus. Les cantons où il abonde,
tels que la *Casinca* près de l'embouchure du Golo, ne sont
même pas ceux où la culture en est la plus soignée. Il en est
ainsi des oliviers en Balagne, où peu de gens en greffent, et
personne n'en plante, tandis que les habitants de Bonifacio,
dont le sol est battu par les vents, entourent chaque arbre

d'un petit mur en pierres sèches, et lui élèvent, pour ainsi dire, un monument. Ce contraste est étrange. Les meilleurs cultivateurs de la Corse sont les vignerons du cap Nord, et les jardiniers de la pointe Sud, perchés sur des rochers presque nus, ici granitiques, là-bas calcaires. Les plus indolents travailleurs de toute l'ile sont les habitants de la plaine d'Aleria, qui vaut le Delta d'Égypte, et ceux du *Campo dell' Oro*, du Champ d'or, près d'Ajaccio, non moins fertile, et aussi mal cultivé que la plaine de l'Est. Que dirai-je du Nebbio, cerné par des marais, et des alentours de Porto Vecchio, cette rade qui ressemble à Brest, et qui est plus malsaine que Rochefort ? Je ne sais ce que vaut la Mitidja d'Afrique ; mais j'adjure nos concitoyens de se souvenir qu'il existe à vingt-quatre heures de Toulon, et à huit heures de Livourne, une Mitidja française, comparable à la Terre promise, et propre à toutes les cultures. Le chanvre, la garance, la betterave, la patate, la vigne, l'olivier, le coton, la canne à sucre, le mûrier, les fleurs à parfums y prospèrent à des degrés différents. Les premières prairies artificielles à irrigations y ont donné huit coupes de luzerne en une seule année. Avant vingt ans d'ici, ce beau pays aura changé de face. Que lui manque-t-il donc pour être connu ? Une annonce. Mais cette annonce, pour être consciencieuse et utile, doit comprendre un exposé complet des charges et des ressources, un véritable budget économique et moral.

La Corse est un pays essentiellement agricole ; il n'y existe aucune industrie importante, et le commerce n'y peut vivre que de l'échange des produits du sol contre les marchandises du dehors. Tous les efforts doivent donc tendre à l'amélioration de l'agriculture, qui, seule, peut enrichir les habitants

et contribuer efficacement à la prospérité de l'île. Mais l'agriculture y est excentrique, originale, bizarre, comme la
contrée elle-même, qui ne ressemble à aucune autre. Nulle
part, en effet, on ne rencontre une aussi grande quantité
de terrains incultes; les estimations les plus modérées l'éva-
luent aux neuf dixièmes de la surface générale de l'île. Le
seul dixième cultivé ne doit qu'à son admirable fécondité les
produits très-bornés qu'on en retire. Les extrêmes s'y touchent. Au pied d'affreux rochers dénudés jusqu'au vif, s'étendent presque partout des alluvions de terre grasse et fertile,
qui seraient facilement irrigables pour peu qu'on y sût ménager
l'emploi des eaux qu'on laisse perdre dans des marais insalubres. La propriété y est concentrée sur certains points comme
en pays féodal, et divisée, sur certains autres, comme les jardins
qui sont à la porte de nos villes. Il n'est pas rare de trouver
des propriétaires qui possèdent mille arpents de broussailles,
et quelquefois ces mille arpents comptent deux cents propriétaires. Cependant tout le monde attache un prix infini à
la propriété, beaucoup moins pour le profit qu'on en obtient
que pour l'importance qu'elle donne, même quand elle ne
rapporte rien; ce qui arrive le plus ordinairement. Les limites
des communes entre elles ne sont pas mieux définies que
celles des biens qui appartiennent au domaine de l'État.
Très-peu de citoyens possèdent des titres authentiques de
leurs propriétés, et la prescription est la seule garantie du
plus grand nombre des fortunes.

On peut considérer comme une des principales causes de
l'état arriéré de l'agriculture en Corse et de la pauvreté de
ce pays, le nombre exagéré des biens communaux qui ont
été soustraits à l'influence du travail, et qui servent de

repaire aux oisifs de tout genre dont l'île est encore infestée,
bergers, chasseurs ou bandits. Cette plaie, qui remonte aux
temps les plus reculés de l'histoire du pays, a eu des conséquences déplorables. Au lieu de défricher la terre, on s'est
borné à la couvrir de troupeaux. Le peuple corse s'est fait
pasteur et chasseur; armé de la houlette et du fusil, il a
cherché son indépendance dans les bois. Tel est l'empire de
l'habitude, que, même après les vicissitudes politiques dont
ce pays a été le théâtre, on le retrouve fidèle à ses premiers
usages, à ses vieux préjugés, innocents ou funestes. La
sujétion de nos travaux réguliers et sévères lui semble un
joug insupportable; la domesticité lui est odieuse; son an-
tique charrue, sans coutre ni oreilles, lui paraît préférable
à la charrue Granger; et ses assolements, dignes des temps
héroïques, n'ont pas varié sensiblement, malgré les théories
de nos agronomes et les expériences de nos agriculteurs.
A quoi bon cultiver des terres communales où les chèvres
peuvent errer librement et les pâtres jouir des priviléges de
la propriété sans en avoir à supporter les charges? Quelquefois, néanmoins, quand la tentation était forte, il suffi-
sait d'enclore une partie des biens communaux pour en
devenir propriétaire. Le berger s'arrêtait au lieu de conti-
nuer sa marche; il abattait quelques arbres pour se construire une cabane, la recouvrait de pierres plates et recevait
l'investiture du silence de ses concitoyens. C'est ainsi que,
peu à peu, beaucoup de propriétés communales ont été
usurpées, et que la libre jouissance du parcours a été considérée comme un droit imprescriptible.

Aucune tolérance domestique ne pouvait avoir de suites
plus fâcheuses, même pour la propriété des troupeaux. Au

lieu d'être remisés dans des étables où l'œil du maître aurait pu du moins veiller à l'amélioration des races et augmenter leurs produits, les bœufs, les chèvres, les moutons, les chevaux, les mulets, les porcs même, n'ont jamais cessé de vivre dans les bois, et le caractère de ces espèces est devenu remarquable dans l'île entière par son exiguïté. Tous ces animaux à demi sauvages sont maigres et rabougris, et quoique le prix n'en soit pas élevé, on ne saurait nier qu'ils coûtent fort cher, par suite des dégâts qu'ils causent aux forêts et de l'état de langueur où le régime auquel ils sont soumis maintient l'agriculture. Les troupeaux ne séjournant nulle part, les engrais sont nuls et perdus pour la terre. La culture est ainsi atteinte dans sa source, et sans la fécondité vraiment étonnante du sol, le seul système actuel du parcours suffirait pour épuiser la terre avant trente ans. C'est un spectacle affligeant que celui de ces champs immenses de fougères, hautes de quatre à cinq pieds, et maîtresses des plus beaux terrains de la Corse, sans que la faux y abatte jamais leurs têtes parasites, et sans que la charrue trace parmi elles le moindre sillon! Tout ce qu'on se permet aujourd'hui, c'est d'incendier les makis que l'on veut mettre en culture, sans autorisation, sans consulter l'état de l'atmosphère ni l'intérêt des propriétés voisines. Quand la flamme a consumé ces fourrés d'arbousiers, de pistachiers et de myrtes, on sème dans leurs cendres de l'orge ou du blé la première année; on recommence la seconde, puis le makis repousse, et ses tiges herbacées deviennent la pâture des moutons et des chèvres. C'est l'anarchie dans l'ignorance, et l'insouciance dans l'égoïsme. Voilà pour les cultures en progrès; on peut juger de l'état où se trouvent les autres.

5

Aussitôt qu'un makis est brûlé pour être mis en labour,
on s'empresse de l'enclore. La clôture est la seule enseigne
visible de la propriété; elle consiste ordinairement en une
enceinte de pierres sèches, grossièrement entassées, et quelquefois, mais très-rarement, formée de haies vives. Il n'y a
pas encore de grandes fermes, comme celles du continent.
Nu.., habitation rurale ne s'élève en dehors des villages, qui
sont situés, ainsi que, nous l'avons dit, sur le flanc supé-
rieur des montagnes et à une grande distance des terres
labourables éparses dans le fond des vallées, ou sur les
plaines du littoral. Cette disposition particulière distingue
même d'une manière radicale la physionomie de la Corse de
celle de la Sardaigne. La Sardaigne se compose d'une grande
plaine centrale entourée d'une ceinture de montagnes, tandis
que la Corse n'offre aux regards qu'une chaîne de montagnes entourées d'un cordon de plaines étroites et situées sur
le bord de la mer. Le paysan corse est obligé de descendre
des hauteurs pour travailler ses terres placées à de grandes
distances. Il s'y transporte pendant la saison des semailles
et pendant celle des récoltes, avec toute sa famille, revient
au village avec ses provisions, et se borne pendant tout
l'hiver à une consommation stérile et oisive, si son heureuse
étoile lui a permis d'échapper à la fièvre. La fièvre est une
des causes du prix indéfinissable des terres en Corse. On en
achète à 3o francs l'hectare dans les contrées les plus insalubres; mais aux portes des villes, elles acquièrent souvent,
nommément aux environs de Bastia, un taux exorbitant.
On peut cependant fixer à 15o francs l'hectare le prix moyen   )
des terres incultes de la plaine de l'est, les seules où de
très-beaux domaines offrent un vaste champ à la spéculation

Les frais de défrichement s'élèvent à plus du quadruple du prix d'achat à ce taux moyen. On traite habituellement à forfait avec des ouvriers lucquois, qui accourent chaque année en Corse, au nombre d'environ dix mille, comme les Savoyards et les Auvergnats viennent en troupes à Paris pour y exercer certaines professions. Rien n'est plus difficile que de trouver des ouvriers en Corse, et leurs salaires sont en général fort élevés, malgré la concurrence des Lucquois. Quand vient la saison des fièvres, tout le monde s'enfuit; la plaine ressemble à un désert; les cultures sont abandonnées: il est impossible de retenir les travailleurs, même à prix d'or. La vie est dès lors comme suspendue dans la plus belle contrée du pays. L'herbe y pousse victorieuse et tenace; la terre se fend et répand des miasmes dangereux : tout languit, tout succombe. La fièvre semble atteindre les plantes comme elle atteint les hommes, et la Corse reproduit l'image de l'Afrique.

J'ai visité au centre de la plaine du Fiumorbo la seule ferme établie sur une grande échelle qui existe dans le pays, celle du Migliacciaro. Cette ferme, entourée de plus de vingt mille hectares de terre d'alluvion, était, quand je la vis, dans l'état le plus affligeant. On eût dit que la peste en avait moissonné tous les habitants. Un seul gardien, pâle et défait, en surveillait les bâtiments immenses et abandonnés; il n'y avait pas une bête de trait ou de somme dans les écuries, pas une vache dans les étables, pas un mouton sous les hangars, pas une volaille dans les cours; partout la plus affreuse solitude. Cependant, je savais que de puissants efforts avaient été tentés, et que déjà beaucoup de capitaux avaient été engagés au profit de cette grande expérience

5.

décisive pour l'avenir agricole de la Corse. Malgré la chaleur de trente degrés qui brûlait la plaine, je voulus juger par mes yeux du mérite des tentatives déjà faites et de la fécondité de cette terre promise. Un grand jardin d'épreuve s'étendait en avant des bâtiments de la ferme, dans un terrain conquis sur les marais par de simples saignées de quelques pieds de profondeur. Il était utile d'y étudier les essais de cultures nouvelles, sous l'influence de ce soleil implacable. Je m'y rendis accompagné d'un des surveillants de la ferme, et nous parcourûmes un à un tous les carrés, toutes les pépinières, tous les semis. On ne saurait trop signaler les magnifiques résultats qui se montraient de toutes parts. Jamais, dans les plaines de Vaucluse, on ne vit de plus belles plates-bandes de garance ; jamais, dans le département du Nord, on ne récolta de plus formidables betteraves.

Je ne parlerai point de quelques cannes à sucre de la plus belle venue, ni des succès encore incertains d'une plantation de coton. La Corse n'a pas besoin de tours de force agronomiques pour exploiter la fertilité de son territoire. Mais rien ne saurait exprimer la fraîcheur luxuriante des arbres plantés sur le bord de ces tranchées, et les jets vigoureux, de huit à dix pieds de long, issus d'une seule séve sur de jeunes mûriers de trois ans. De distance en distance, quelques champs de pommes de terre, de colza, de luzerne arrosée, de patates, de maïs, présentaient, en dépit de l'ardeur du soleil et de l'invasion des hautes herbes, des produits admirables. Le contraste du caractère gigantesque de ces végétaux avec l'aspect chétif et misérable des animaux, n'est pas un des moindres sujets d'étonnement qu'on éprouve dans ce pays des contrastes. Des tubéreuses colossales, véritables fleurs-arbres, répandaient sur notre passage une odeur embaumée, et nous révélaient tout le parti que l'industrie des parfumeurs pourra tirer un jour de ce sol énergique. Un *datura stramonium*, digne de la zone torride, balançait non loin de là ses belles fleurs homicides, en signe de compensation. Luxe et indigence, c'était la vraie devise de la ferme en ce moment. Qu'est-ce, en effet, qu'une ferme où l'on occupe régulièrement trois ou quatre cents hommes, quand cette armée de travailleurs se voit forcée de l'abandonner pendant trois mois de l'année?

Ici reparaît le grand problème de l'agriculture corse : la question de l'assainissement, question de vie ou de mort, non-seulement au bord de la mer et dans les plaines marécageuses, mais même au centre de l'île, dans des bassins tels que celui de *Ponte-Novo*, où, sans eaux stagnantes, sans flaques visibles à l'œil, on n'a pas moins à redouter les fièvres pernicieuses qui causent tant de ravages sur le littoral. Quand la métropole aura résolu ce problème au profit de la Corse, elle usera du droit de recommander aux habitants du pays la nécessité de fumer les terres pour entretenir leur fertilité et pour en obtenir d'abondantes récoltes. Cet exemple, et beaucoup d'autres non moins utiles, ont été donnés par un établissement départemental dont le succès est dû à M. Jourdan, préfet actuel de la Corse : je veux parler du jardin botanique d'Ajaccio, conquis sur un marais qui infectait la ville, et qui a été transformé en une pépinière où les mûriers se comptent par milliers et réussissent au delà de toute espérance. Là aussi figurent de jeunes plants d'olivier, destinés à régénérer les sauvageons bien ou mal greffés qui constituent la richesse oléifère de la Corse. M. le préfet a compris toute l'importance de l'exemple en pareille matière, et mettant à exécution, sans l'avoir connue, une pensée de Napoléon, il a fait planter à l'entrée de la ville natale de ce grand homme une avenue de mûriers de près d'un quart de lieue. L'une des places de la ville a même été ornée par lui d'une allée d'orangers en pleine terre, dont la physionomie prospère fera connaître aux Corses de quelle végétation leur pays est capable.

L'heureuse température dont l'île est douée favorise singulièrement la variété des produits et leur qualité supérieure, et cependant le plus important de tous, les huiles, sont demeurées jusqu'à ce jour la propriété presque exclusive d'une seule province du pays, nommée la Balagne et située au nord-ouest de la Corse. On en exporte annuellement pour plus de deux millions de francs, malgré l'imperfection évidente des procédés de fabrication, et on en consomme dans le pays pour un million de francs environ. C'est un revenu énorme et qui pourra être décuplé un jour, quand on aura substitué aux stériles arbustes des makis, les jeunes plants d'oliviers, auxquels le climat est si propice. La Corse devrait fournir la meilleure huile du monde. Les olives, généralement petites et grenues, possèdent au plus haut degré le principe oléagineux si recherché dans les arts. La position même de l'île en favorise la qualité, s'il est vrai que l'olivier ait besoin, indépendamment d'une température douce, du voisinage de la mer. M. le professeur Moll, mon collègue au Conservatoire des arts et métiers, a fait remarquer avec justesse, dans son excellent Mémoire agronomique sur la Corse, que cet arbre réussissait particulièrement dans les terrains impropres à la culture des céréales, notamment dans les pentes plus ou moins rapides des collines qui règnent depuis le littoral jusqu'aux plus hautes montagnes de l'intérieur. Mais les grandes plantations d'oliviers sont l'œuvre du temps et demandent beaucoup de patience. Cet arbre croît lentement, et produit avec inconstance, tantôt des récoltes abondantes, tantôt à peine de quoi défrayer sa culture. On la propagerait, je crois, avec plus de succès si l'on se bornait à la considérer comme une sorte de placement à la Caisse d'épargne, effectué par un père prudent au profit de ses enfants; car il ne faut pas le dissimuler, plus de vingt ans sont nécessaires, même en Corse, au développement complet de l'olivier, et les fortunes modestes des habitants y sont moins en état que partout ailleurs d'attendre un revenu de cette longue avance. Il est vrai qu'arrivé à la période productive, cet arbre n'exige guère des cultivateurs que la peine de récolter. C'est aussi la seule que se donnent les propriétaires de cette forêt d'oliviers qu'on nomme la Balagne. Ils jouissent du présent sans songer au passé, encore moins à l'avenir. C'est par des primes sagement distribuées qu'on encouragerait cette culture, dont le gouvernement recueillerait un jour le fruit par l'amélioration de la propriété imposable. Rien n'égale, en effet, la beauté des oliviers qu'on rencontre isolés, le long des rochers, dans des terrains qui semblent impropres à toute espèce de végétation, et l'on évalue à plus de cinq millions le nombre de sauvageons qui pourraient être greffés dans les makis du sud.

Sur d'autres points du territoire corse, un autre arbre, aussi libéral quand il commence à produire, le châtaignier, n'a pas moins contribué au maintien des habitudes stationnaires du pays. On se borne à cueillir les fruits nombreux qu'il donne, et dont l'abondance a exercé dans cette île la même influence *sociale* que la pomme de terre en Irlande; funeste ressemblance et pourtant bien exacte! Les habitants des cantons où le châtaignier prédomine se sont accoutumés à vivre presque uniquement de châtaignes. Ils en font de la farine agréable et sucrée quand elle est récente, nauséabonde et rance quand elle vieillit. Cet arbre est devenu leur providence. Ils se reposent sur lui des soins de leur existence, j'ai presque dit de celle de leurs enfants. Il est principalement commun dans les régions moyennes, dont le bas est occupé par les oliviers et le haut par les forêts de pins et de hêtres. Il plane sur les habitations; il entoure les hameaux, y entretient la fraîcheur et l'ombrage. On le considère comme le grenier d'abondance de chaque localité. L'origine de ces grands arbres se perd dans la nuit des temps; j'en ai vu par milliers qui passaient pour être âgés de cinq cents ans. Il n'est pas rare d'en trouver dont la circonférence dépasse dix mètres. Quand l'année est fertile, un seul de ces colosses végétaux suffit quelquefois pour nourrir un homme pendant trois mois. Pour peu qu'un paysan puisse joindre au produit de son châtaignier celui de sa vigne et d'un petit troupeau, le voilà riche et libre; il est nourri, il est vêtu. Son front ne se courbera point vers la terre; il laissera désormais à de pauvres Lucquois le soin de labourer à la pioche les bruyères de la plaine et les makis brûlés.

C'est un fait digne de remarque, que l'indolence des Corses soit en raison inverse de leur pauvreté. Plus ils ont de terre, moins ils travaillent volontiers. Ils en abandonnent le parcours à des bergers qui partagent avec eux le produit des troupeaux. Rarement, sur quelques parties incendiées, ils

essaient, sans le concours du colon partiaire, des cultures
nouvelles. On ne rencontre dans aucun village quelques-uns
de ces jolis jardins qui annoncent le goût et l'aisance; point
de fleurs, pas de fruits, si ce n'est du raisin ou des figues.
Presque partout la vigne rampe à terre, dépourvue, excepté
aux environs de Bastia, d'échalas et d'appuis. Les vins qu'on
en obtient, surtout au cap Corse et dans les environs de
Sartène, sont cependant dignes de comparaison avec les
meilleurs vins de France et d'Espagne. La nature a tout fait
pour ce pays, les habitants seuls ne font rien. C'est par de
bons exemples qu'il faut leur apprendre à exploiter avanta-
geusement leur propre territoire, et déjà deux établissements
modèles, celui de l'*Arena*, près de Bastia, et celui de la *Pépinière*, près d'Ajaccio, ont commencé à les donner. Le premier, néanmoins, manque de fonds suffisants, et ses bâtiments étaient dans un fâcheux état lorsque nous y fûmes
reçus. On ne saurait trop se persuader, en France, que,
pour rendre le département de la Corse à lui-même, il faut
de grands efforts de mise en œuvre et des préparations fort
coûteuses. On se plaint quelquefois de l'état stationnaire de
nos campagnes, de leur misère, de leurs préjugés obstinés;
et cependant la France est traversée par des fleuves naviga-
bles, par des routes royales, par des diligences qui y font
circuler les idées et la vie. Rien de tout cela n'existe en Corse.
Ce qu'on appelle parmi nous *routes départementales*, ce sont
dans le pays d'affreux sentiers à peine praticables aux cha-
mois et aux chèvres; ce que nous appelons des fleuves, ce
sont des torrents qui descendent par cataractes du sommet
des montagnes, et qui n'ont pu encore être rendus flottables
dans une partie essentielle de leur cours. Les bêtes de somme,

6

loin de pouvoir y servir de moyen de transport, ont peine à se mouvoir elles-mêmes dans ces dangereux labyrinthes, parsemés de gouffres et de précipices. La mère patrie doit à la Corse les éléments primordiaux de toute civilisation, c'est-à-dire les avances que la puissance sociale ne saurait refuser à la faiblesse individuelle. Ce pays remarquable en est encore à la période patriarcale, à la vie de berger, de chasseur. La longue absence du pouvoir protecteur y a maintenu la suprématie de la famille, dans laquelle chacun cherche un appui contre les agressions et les injustices. Dans les questions d'agriculture comme dans toutes les autres, la vue du paysan ne s'étend pas au delà du territoire de son village. Personne ne va le voir et il ne va voir personne. Il n'existe aucune force de cohésion entre ces molécules sociales, qui demeurent friables comme du sable, et avec lesquelles il a été impossible jusqu'à ce jour d'élever un édifice solide.

Tout ce que la marche des siècles et l'esprit ingénieux des Corses a pu surprendre de conquêtes à la civilisation, consiste dans la création de quelques agglomérations moins atomistiques que la commune, et qu'on nommait des *pièves* avant les délimitations décrétées par l'assemblée constituante. Ces pièves n'étaient que des cantons enveloppés par le relief des montagnes, de véritables *conques* dessinées par la géographie physique et séparées les unes des autres par des lignes souvent infranchissables. Tels sont les cantons connus en Corse sous le nom du *Niolo*, du *Nebbio*, de la *Balagne*, de la *Casinca*, et une foule d'autres parfaitement distincts par leurs mœurs et par leurs usages, quelques-uns même par leurs productions. Ainsi, la plaine du *Fiumorbo*, celle du *Campo dell' Loro*, ont leur caractère particulier comme la

Beauce et la Brie ; le cap Corse représente assez bien la Bour-
gogne et ses vins ; la Balagne, nos champs d'oliviers de Grasse
et d'Antibes ; les environs de Sartène et la plaine de *Propriano*, le Languedoc entre Montpellier et la mer ; le *Niolo*,
nos régions sauvages et élevées du Cantal. Étudiée avec soin
dans sa constitution intime, la Corse offre des différences
profondes entre les parties les plus rapprochées de son territoire. Elle a une Bretagne et une Alsace, une Provence et une
Normandie. En traversant ces gorges étroites et élevées qui
séparent les versants de leurs montagnes et qu'ils appellent
des *foci*, ce contraste frappe le voyageur d'une surprise inat-
tendue. Ici des masses d'oliviers, du côté opposé, pas un
seul ; les châtaigniers ont pris leur place. Telle forêt renferme
des millions d'arbres d'une seule essence, les laricio, par
exemple, telle autre ne compte que des chênes-verts ou des
hêtres. Suivant que la vallée produit du vin, du blé ou de
l'huile, les habitants se sont créé des habitudes, des règlements, des mœurs en harmonie, si l'on peut parler ainsi,
avec les productions naturelles de leur canton : vignerons
intelligents sur un point, pasteurs insouciants sur un autre,
ici, cultivateurs laborieux, plus loin, indolents consomma-
teurs de châtaignes. Pour la plupart de ces hommes enfermés
dans leur prison de granit, la civilisation finit où la montagne
voisine commence. Ne leur demandez pas d'échanges com-
pliqués, de voyages lointains, d'entreprises savantes ; on en
compte beaucoup qui n'ont jamais vu la mer, et c'est même
un trait distinctif de leur caractère, que l'horreur de ces
montagnards pour l'élément qui les entoure.

Par quel dissolvant attaquera-t-on avec avantage ces
aspérités de tout genre dues à la topographie du pays autant

6.

qu'à la rouille des siècles? Comment faudrait-il s'y prendre
pour décupler, cet espoir est permis, les productions naturelles de la Corse, et pour y naturaliser toutes celles dont
son beau territoire est susceptible ? Encore une fois, la France
ne saurait, sans injustice pour nos concitoyens et sans dommage pour elle-même, abandonner aux broussailles, aux chèvres et aux bandits une terre où végètent avec une égale
énergie les palmiers, les orangers, les oliviers, les mûriers,
les châtaigniers et les pins; où des haies de figuiers d'Inde,
et de cactus d'Afrique servent de clôture à des luzernes qui
produisent huit coupes par année. Ce magnifique assorti-
ment de toutes les richesses végétales des pays les plus chauds
et les plus tempérés, ces plaines brûlantes et ces fraîches vallées ne sauraient demeurer plus longtemps stériles. Deux
cent mille âmes de population dans un département qui est
le second de France en étendue et le premier de tous par la
variété des ressources qu'il offre à l'agriculture, en vérité,
c'est trop peu. C'est trop peu quand on sait que le sol en
pourrait nourrir trois fois davantage sans efforts surhu-
mains. Mais encore une fois pour recueillir, il faut semer. La
Corse a été jusqu'ici un sanctuaire fermé aux profanes; il est
urgent désormais de l'ouvrir. Elle ne possède pas les capitaux nécessaires à la meilleure exploitation de ses ressources,
il faut que l'association les lui procure. Pour atteindre ce
but, l'État doit lui fournir des routes à tout prix, des routes
royales, s'entend, parce que le pays est incapable de suffire
même à des routes départementales d'une certaine étendue.
On doit en outre, nous l'avons dit, assainir les marais, et
achever dans les ports les améliorations si bien indiquées
dans l'exposé des motifs du projet de loi dont l'adoption a

valu à la Corse un premier secours de quatre millions six cent mille francs (1).

Deux mines, plus précieuses que des mines d'or et d'argent, justifieraient seules les dépenses nécessaires pour améliorer l'état économique du pays : ce sont les forêts et les carrières de marbre et de roches précieuses. Les premières appartiennent presque toutes au domaine de l'État, et elles sont demeurées jusqu'à présent sans valeur, faute de moyens de transport. L'administration de ces forêts coûte près de trente mille francs par an et ne produit pas même un revenu de mille écus. On se borne à scier sur place, pour en faire des madriers et des planches, les plus beaux arbres dont la cime, d'une longueur de dix à douze mètres, est abandonnée et pourrit sur le sol, au grand dommage du repeuplement. L'absence de routes avilit tellement le prix du bois, que si les acquéreurs étaient forcés de déblayer le terrain sur lequel ils ont exécuté leurs coupes, personne ne se présenterait aux adjudications. La marine royale a même renoncé à se servir des bois du domaine pour les besoins de nos constructions navales. Un capital immense demeure ainsi improductif faute des avances nécessaires pour le mettre en valeur, sans parler de la dépense de conservation, bien insuffisante pour protéger, avec vingt-quatre gardes et un nombre d'agents proportionné, plus de cent cinquante mille hectares de forêts. Nulle part, on n'a organisé des fabriques de charbon, des scieries mécaniques, ni même, comme je l'exposerai plus tard

---

(1) Une nouvelle allocation de cinq millions de francs vient d'être votée en faveur de la Corse dans la session des chambres de 1839.

en parlant des industries, des fourneaux à fer de quelque importance, car toutes les mines de la Corse n'ont pas produit
en 1837 une valeur en fer de plus de soixante mille francs, dont
le minerai a été importé de l'île d'Elbe. Dans la situation actuelle des choses, l'État vend sur le pied de deux francs des
pins de quarante mètres de hauteur, dont les acquéreurs se
réservent la faculté de choisir les plus beaux parmi plusieurs
centaines de mille : ces beaux arbres vaudraient quinze ou
vingt francs si l'État faisait construire les routes nécessaires
pour les transporter. Leur produit compenserait avec usure
la dépense avancée pour cette exploitation, aujourd'hui nulle,
parce que les routes n'existent pas. C'est l'histoire de l'agriculture en Corse.

Les granits d'Algajola, le porphyre globuleux de Girolata,
le granit orbiculaire de Tallano et le vert d'Orezza, deviendraient pour la Corse un objet de première importance. Tous
ces granits sont susceptibles du plus beau poli et d'un emploi
illimité dans les arts. Rien ne paraît plus facile que d'établir
sur les nombreux cours d'eau qui arrosent le pays de petites
usines où ces granits seraient taillés et polis, comme les pins
et les chênes seraient débités en madriers pour la facilité des
exportations. Les Corses commencent à comprendre la valeur des richesses naturelles prodiguées à leur territoire, et
parmi celles dont ils apprécient le mieux l'avenir, il faut
compter le mûrier qu'on y multiplie chaque jour et qui
semble, avec l'olivier, l'arbre véritablement indigène du pays.
Mais il faut avant tout que les cultivateurs renoncent aux
habitudes de vandalisme dont ils se rendent journellement
coupables envers la propriété foncière, soit par les dégâts
du parcours, soit par l'incendie des forêts, soit par leur in-

s⸱uc⸱ ⸱ce de tout perfectionnement agricole. Toutes ces améliorations ne seront praticables qu'à la faveur des grands
chemins dont la Corse ne tardera pas à être gratifiée depuis
le dernier vote des chambres.

La sécurité des personnes aura besoin longtemps encore
de garanties efficaces contre les écarts des vieux préjugés.
Grâce à la mesure utile du désarmement général, les occasions de meurtre sont devenues plus rares; les enfants ap-
prennent dans les écoles à lire et à écrire, en attendant les
éléments de l'instruction agricole, qui leur sont d'autant
plus nécessaires que l'agriculture est la seule industrie de
leur pays. Déjà nous avons vu plusieurs cultivateurs établir
avec succès des appareils bien entendus pour l'extraction des
potasses, et d'autres préparer les voies à la culture du mûrier,
qui est encore une nouveauté dans le pays. Pour activer ce
mouvement progressif, il conviendrait, en attendant l'achè-
vement de la grande route de ceinture de la Corse, de mul-
tiplier les relations de la France avec l'île. Ces relations se
bornent aujourd'hui à un double départ hebdomadaire du
paquebot à vapeur de Toulon pour Bastia et pour Ajaccio,
et ce paquebot n'a pas toujours été tenu avec une propreté
vraiment digne de sa destination. Ce n'est pas assez d'ailleurs de deux voyages par semaine; la civilisation de la
Corse aurait tout à gagner d'un second service de bateaux,
qui partiraient de Marseille deux autres fois par semaine,
l'un pour Calvi, touchant à l'île Rousse et à Algajola,
l'autre pour Ajaccio, touchant à Propriano et à Bonifacio.
L'un des bateaux de Toulon, au lieu de stationner trois
jours à Bastia, devrait parcourir la côte de l'est jusqu'à
Porto-Vecchio.

En attendant qu'on mette les différentes régions de l'île en contact par l'intérieur, on les unirait par mer entre elles et avec le continent. Nous ne pouvons comprendre comment le chef-lieu d'un département, situé à mi-chemin de la France et de l'Italie, et par où l'on aurait des relations si promptes et si utiles avec la Péninsule, ne possède pas même un paquebot de cinquante chevaux à la disposition de l'autorité. Huit heures suffisent pour aller de Bastia à Livourne; quelques heures de plus sont à peine nécessaires pour aller de Bonifacio à Civita-Vecchia. Toute la côte de Corse est parsemée de mouillages excellents, Saint-Florent, Calvi, Ajaccio, Bonifacio, Porto-Vecchio. D'innombrables criques, qu'on nomme dans le pays des *marines,* offrent des refuges assurés en cas de mauvais temps. La route royale de ceinture serait provisoirement établie par mer, et l'on verrait bientôt tous les villages du littoral échanger leurs produits et sortir de leur isolement; l'intelligence des habitants ferait le reste. L'agriculture éprouverait une impulsion salutaire, et l'administration serait bientôt récompensée d'un sacrifice que lui commandent les intérêts de plus d'un genre qu'elle a mission de protéger.

L'un des plus grands obstacles qu'ait rencontrés jusqu'à ce jour la civilisation en Corse, a été l'absence presque complète de sécurité et la tendance malheureusement trop commune des habitants à mettre leurs passions au-dessus de la loi. Cette tendance est devenue un des traits distinctifs de leur caractère, et elle n'a cessé d'exercer la plus fâcheuse influence sur les destinées du pays. L'origine en est fort ancienne et remonte probablement à l'époque des premières dominations étrangères dans l'île. On trouve la *Vengeance*

déjà installée au foyer domestique sous l'empire des Romains;
elle se retrempera plus tard, à la suite des nombreux chan-
gements politiques dont la Corse a été le théâtre. Mais ce
qui en reste aujourd'hui n'est qu'un pâle reflet des vieux
ressentiments qui ont agité cette contrée dans tous les temps.
Trop éloignée de ses maîtres pour obtenir justice, et trop difficile à parcourir pour se la faire distribuer régulièrement,
même par une métropole bienveillante, la Corse a dû souffrir
tous les maux du despotisme et tous les déchirements de
l'anarchie. Chaque citoyen s'est vu réduit à ses propres forces et à celles de sa famille; le pouvoir social a disparu peu
à peu devant l'association domestique. Il n'y a plus eu dans
toute l'île que des cantons épars, gouvernés par l'intérêt
local, et semblables aux villes anséatiques du moyen âge,
moins la richesse et l'union. L'indépenda ce n'y venait qu'a-
près la liberté. Celle-ci, d'ailleurs, chacu   r   oulait pour
soi, rarement pour autrui. Une partie de l'île aurait mis l'autre en esclavage, si la marche des événements l'eût permis, et
si l'esclavage eût pu durer longtemps en Corse.

Toute l'histoire du pays est pleine de ces débats opiniâ-
tres, où brillent des traits fameux de dévouement et de
courage. Les Sampiero, les Gaffori, les Paoli, sont connus
du monde entier, véritables grands hommes sur un petit
théâtre, dignes précurseurs de celui qui devait les éclipser
tous. Mais toute leur gloire a consisté dans des luttes civiles,
dans des tentatives d'une portée étroite et bornée, dont il
n'est rien resté de vraiment utile pour leur pays. La Corse
ne leur doit ni construction de routes, ni dessèchement de
marais, ni monuments, ni ports, ni phares, ni usines ; ils
sont nés, ils sont morts ; ils n'ont laissé qu'un souvenir et

7

des *partis*. Des adversaires, des inimitiés, voilà tout ce qui
a survécu à leur passage rapide; voilà ce qui arrête encore,
dans la belle contrée qui vit naître ces hommes remarquables, la marche de l'agriculture, de l'industrie, de la civilisation. Leur pays n'a jamais été ni assez uni, ni assez riche
pour tenter de grandes entreprises, et il a toujours offert
trop de prétextes aux administrations qui voulaient se dis-
penser de les accomplir. Une plaie incurable s'est propagée
dans l'île entière, sous les auspices du plus noble sentiment
qui puisse inspirer l'homme : l'amour de la justice et de la
famille. Chacun s'est cru en droit de se rendre la première,
et de tout sacrifier à la seconde. Où aurait-on été trouver
la justice chez les Génois? Elle était vénale ou partiale : on
s'habitua à la mépriser ainsi faite, et bientôt on apprit à
la haïr. C'est le plus grand malheur qui puisse arriver à un
pays.

Insensiblement, cette défiance haineuse pénétra dans les
esprits, et les Corses s'accoutumèrent à se faire justice au
lieu de la demander. La configuration extraordinaire de la
contrée, toute hérissée de petits bois impénétrables, la sobriété des habitants, leurs montagnes inaccessibles, le voisinage de la mer, tout contribuait à favoriser la tendance
insurrectionnelle excitée par les mauvais maîtres dont ils
supportaient impatiemment la tyrannie. On se groupait
pour résister, d'abord par cantons, par communes, puis par
familles, quand l'étranger eut semé la division dans les cantons et dans les communes. On choisissait des chefs, des
protecteurs; on se rangeait sous leur bannière, on leur ju-
rait fidélité jusqu'à la mort. Malheur au traître qui passait
dans les rangs ennemis ou qui manquait à sa parole dans

quelque circonstance importante ! C'en était fait de lui ; et comme sa trahison avait compromis les intérêts ou la vie de plus d'une famille, sa famille devenait responsable ; on exerçait contre elle d'affreuses représailles. Les enfants s'accoutumaient ainsi à des idées exagérées d'absolu dévouement à l'autorité paternelle, de tendresse inviolable entre frères, de sympathie à toute épreuve entre cousins, entre neveux. Ils en poussaient le culte jusqu'au fanatisme. Les haines se perpétuaient ainsi de génération en génération, comme un héritage, et il en existe encore dans le pays qui remontent à plus de cent cinquante ans.

Cependant, leur caractère a beaucoup perdu de son intensité, sous l'empire des lois françaises, depuis la réunion définitive de la Corse à la France. Outre le bienfait d'un pouvoir social équitable, et assez fort pour se faire respecter, les Corses ont trouvé dans leur nouvelle métropole une source inépuisable et féconde d'améliorations et de richesses. A peine l'île était-elle soumise à nos armes, qu'on s'occupait de l'assainir, d'y tracer des routes, d'y fonder des écoles, d'y assurer la paix publique. Des mesures énergiques y proscrivaient le vagabondage armé, qui l'avait désolée si longtemps. La révolution de 89, en remettant un moment en question la suprématie de la France, rouvrit malheureusement l'arène des discordes politiques. Il y eut un parti anglais et un parti français, et de toutes les catastrophes que cette lutte devait traîner à sa suite, la plus cruelle fut de remettre en vigueur les haines mal éteintes, et de les placer sous la protection du patriotisme, comme on les avait mises longtemps en faveur sous les auspices du dévouement paternel ou filial. Napoléon, distrait par des soins plus pressants,

7.

n'oublia pas son pays natal, mais il le connaissait trop bien
pour entreprendre de le civiliser avec des moyens insuffisants.
Il y voulait employer trente millions et trente mille hommes.
Il savait qu'on n'éteint pas un incendie avec un filet d'eau,
et qu'aux grands maux il faut de grands remèdes. Or, nul
pays ne réclame une médication plus énergique et plus labo-
rieuse que la Corse, et cette médication est très-difficile
dans les conditions du gouvernement représentatif. Elle en
sera plus glorieuse et plus sûre; mais Il faut savoir l'envi-
sager sans pâlir.

Commençons par réfuter un préjugé très-répandu sur les
dangers résultant du nombre considérable des voleurs en
Corse. La Corse est le pays où il y a le moins de voleurs, et
où, s'il y en avait beaucoup, ils seraient le plus assurés de
mourir de faim. Personne ne voyage, et n'offre de prise à
leur industrie. Il n'y a dans le pays ni foires, ni marchés
périodiques. Le peu de marchandises qu'on consomme viennent par mer, et il est extrêmement rare qu'on en voie circuler dans l'intérieur de l'île, où la cherté des transports en
rendrait le prix inaccessible à presque toutes les fortunes.
Est-ce donc qu'on n'y ait à déplorer aucune atteinte à la
propriété ? Au contraire ; et ces atteintes sont d'une nature
peut-être plus grave que les vols à main armée ou les escro-
queries de nos fripons du continent. Au lieu d'être occa-
sionnelles, et par conséquent assez rares comme partout
ailleurs, elles sont, pour ainsi dire, constitutionnelles et
permanentes; on n'y est sûr de rien. Tantôt c'est un empié-
tement sur la propriété du domaine, tantôt une usurpation
sur le terrain de la commune. Les bûcherons dévastent im-
punément les bois, les bergers disposent en maîtres de toutes

les cultures. On brûle un makis sans s'inquiéter du dommage qui en peut résulter pour le champ du voisin. Les gardes champêtres et les gardes forestiers sont à peu près aussi impuissants dans cette immensité de labyrinthes, qu'une chaloupe au milieu de l'Océan. Le délit est la règle, le châtiment est l'exception.

La nature du sol explique ces abus qui entretiennent dans les populations l'habitude fâcheuse de mépriser les lois. Les citoyens lésés poursuivent rarement devant les tribunaux le redressement de ces torts quotidiens, d'abord à cause de la cherté de toutes les procédures, et ensuite à cause des ressentiments dangereux qui suivent toujours les décisions de la justice. Dois-je dire qu'en Corse on a moins de confiance en elle que sur le continent ? Dois-je en expliquer les motifs ? C'est une question fort délicate ; mais il n'y en pas de plus essentielle à poser nettement dans l'intérêt du pays, et pour la juste appréciation de son état moral. Les lois sont bonnes sans doute, et faites au profit de tous ; mais les lois sont exécutées par des hommes, et, dans le plus grand nombre des cas, par des hommes du pays. Les maires, les juges de paix, les sous-officiers de voltigeurs en sont les instruments. Si l'on considère maintenant que ces fonctionnaires appartiennent à des familles trop souvent en *inimitié*, qu'ils ont à prononcer chaque jour sur de petits intérêts auxquels l'amour-propre attache ordinairement le plus d'importance, et que chaque décision peut froisser profondément ces amours-propres irritables, on comprendra la fréquence des appels à la vengeance qui désolent la Corse. Qui pourrait définir le sentiment d'indignation d'un plaideur autorisé à taxer de partialité le jugement qui le condamne, et qui mortifie sa vanité plus qu'il n'attaque sa fortune ! J'ignore jusqu'à quel point les choses se passent de la sorte ; mais l'extrême importance que chaque famille attache à faire prévaloir dans les élections le candidat maire qu'elle a choisi, la sollicitude incroyable avec laquelle chaque parti veille à la nomination d'un juge de paix, et même l'honneur qu'on attache à faire entrer quelque parent dans la gendarmerie locale, prouvent assez que ce sont là des postes de sûreté dont la prudence ne permet pas de négliger l'occupation.

J'ose à peine indiquer les fatales conséquences de cet état de choses ; mais malheureusement les faits parlent plus haut que moi. Le fait est donc que les crimes contre les personnes sont plus nombreux en Corse qu'en aucun autre pays de l'Europe, qu'ils se renouvellent presque régulièrement dans les mêmes proportions tous les ans, et qu'ils reconnaissent pour causes principales, soit le ressentiment inspiré par les décisions de la justice *domestique*, soit le caractère des arrêts criminels, trop souvent entachés d'iniquité aux yeux de gens qui sont assez hardis pour croire à la connivence des magistrats. On sait le mot terrible d'un de ces hommes à un accusé qui venait d'être acquitté par le jury : « *La justice t'absout, mais, moi, je te condamne ;* » et, peu de temps après, il le tuait de sa main. Le faux témoignage est l'arme habituelle dont on se sert pour égarer la main de la justice, et pour assassiner avec son aide l'ennemi qu'on ne peut atteindre autrement. J'ai été effrayé plus d'une fois de la naïveté audacieuse avec laquelle certains témoins attestaient comme vraies, comme observées par eux-mêmes, plusieurs circonstances inventées pour charger un accusé ou pour le défendre. Il y a de quoi faire trembler les jurés les plus consciencieux. Ces exécrables mensonges sont considérés comme des actes de dévouement nécessaires en faveur d'un ami, et comme des moyens de défense excusables envers un ennemi. On les honore dans un parti, on les comprend dans le parti contraire. J'ai lu un grand nombre d'actes d'accusation pour les crimes de *vendetta*; on y voit figurer des maires, des juges de paix, d'anciens magistrats, comme auteurs ou complices, et l'on peut présumer de quelle vive sollicitude ces accusés étaient entourés par des familles intéressées dans leurs vengeances! On peut deviner la perplexité des jurés honnêtes en présence de ces témoignages passionnément contradictoires, qui tendaient autant d'embûches à leur probité! Quelle démoralisation ce funeste préjugé répand dans le pays! Que de crimes il ajoute aux crimes poursuivis, et qui s'élèvent, pour ne parler que des assassinats et des meurtres, à plus de cent cinquante-six par année (1), *un* pour *deux* communes.

L'impunité assurée au plus grand nombre de ces crimes, par la facilité que leurs auteurs ont de se soustraire aux recherches de la justice, en augmente singulièrement le nombre, et donne lieu aux essais les plus aventureux de la scélératesse et de l'audace. Aussitôt qu'un homme a commis un assassinat motivé par vengeance, il quitte son village, il s'enfuit, il s'exile dans les bois. Il est bandit, du mot *bandito*, qui veut dire *banni*, *proscrit*, mais non bandit dans l'ac-

-----

(1) Le ministère public a poursuivi, de 1831 à 1837, le jugement de 944 assassinats en Corse.

ception flétrissante que nous donnons à ce mot. Dès lors il a
reçu le baptème du sang. L'intérêt de tous les siens redou-
ble, la terreur le protége, il a une suite mystérieuse et
dévouée, on lui porte des vivres dans son repaire, d'où il
adresse des réquisitions obéies, quand les vivres lui manquent. Quelquefois ces bandits usurpent la puissance sociale
avec une impudeur qui paraîtrait fabuleuse, si les preuves
de cette usurpation étrange ne se multipliaient pas tous les
jours. Dans une commune située à quelques lieues d'Ajaccio,
il y a un peu plus d'un an, un de ces bandits contumace
imagina de s'opposer au mariage d'une de ses parentes. Ses
menaces n'ayant pu intimider le prétendant, le bandit fit
savoir que si le maire célébrait le mariage, c'en était fait de
lui. Le maire donna sa démission, et depuis treize mois la
commune est sans maire, et la fiancée attend en vain le jour
qui doit lui donner un époux. Le préfet n'a pu trouver
encore un homme assez hardi pour braver la vengeance
d'un scélérat qui, du fond des makis, tient sa commune en
interdit et les lois en suspens. Tous les membres du conseil municipal, successivement intimidés, n'auraient accepté
les fonctions de maire qu'à la condition de ne pas célébrer
le mariage fatal ! Force fut donc au couple menacé de venir
s'établir à Ajaccio pendant six mois, pour y acquérir domicile légal, et obtenir du maire de la ville chef-lieu la célébration tant désirée. Vain espoir ! A peine le bandit eut-il
appris que sa proie allait lui échapper, il s'empara d'un
proche parent du fiancé, l'entraîna dans les bois et le força,
le poignard sur la gorge, de faire révoquer, pour prix de
sa vie, la déclaration de domicile obtenue par les fiancés
qu'il voulait empêcher de s'unir. Le mariage n'a pas eu lieu.

Ce bandit écrivait officiellement aux autorités, sur une espèce de papier à tête, *orné* de deux stylets en sautoir, soutenus par une carabine entourée de balles. Il a son timbre et ses emblèmes, comme le *Bulletin des lois*.

Quelquefois ces malfaiteurs tournent au mysticisme, et la crédulité publique en fait de véritables *marabouts*. Il vient de mourir un brigand de ce genre, appelé Franceschino, qui parcourait, il y a trois ans, les environs de Sartène, suivi de deux ou trois cents hommes armés, et qui avait le don des miracles. Il s'était fait prédicateur et déclamait contre la corruption des riches. Sa renommée croissait de jour en jour; il y voulut mettre le comble en ressuscitant un mort. Le préfet, attiré par la nouveauté du cas et par le caractère du rassemblement, partit d'Ajaccio avec un détachement de troupes que les paysans accueillirent d'une manière inquiétante. Il fut toutefois convenu que si Franceschino parvenait à ressusciter un mort (l'autorité lui fit proposer de ressusciter une de ses victimes), on lui rendrait les plus grands honneurs; mais que s'il était reconnu pour un imposteur, les paysans le livreraient. Le bandit ne jugea pas à propos de tenter l'épreuve, et le rassemblement mystifié se dispersa facilement. Plus de trente ecclésiastiques étaient néanmoins accourus auprès de Franceschino et figuraient dans son cortége. Parvenu à s'échapper, il s'est rendu à Rome, où il est mort capucin. Il avait commis en Corse huit assassinats constatés.

L'administration départementale possède une immense légende toute pleine de saints de cette force. Ils oseraient traiter d'égal à égal avec les magistrats, et il ne se passe pas de jour que ceux-ci n'aient à instruire contre quelques-uns de

8

ces brigands. Tantôt, c'est un maître d'école refusé pour inca-
pacité, qui en appelle à son poignard de la sentence du rec-
teur; tantôt, c'est un percepteur évincé qui défend aux con-
tribuables de verser les impôts aux mains d'un compétiteur
plus heureux. J'ai rencontré un jour sur la route de Bastia à
Ajaccio, un de ces contumaces qui venait d'être pris après
un combat acharné, et qui était attaché sur un âne, sous
l'escorte de dix voltigeurs. C'était un jeune homme de vingt-
cinq ans, d'une très-belle figure; il y avait bientôt huit ans
qu'il vivait ainsi en guerre avec la société. Quatre mois se
sont à peine écoulés depuis qu'un autre bandit fameux, sous
le nom de Rinaldo, a succombé, frappé de vingt balles dans
une lutte contre les gendarmes. Il avait assassiné plus de
trente personnes. Pendant mon séjour à Ajaccio, la force
armée apporta en ville sur un brancard, grièvement blessé
d'un coup de feu, un contumace de la même trempe, qui vivait dans les makis, accompagné d'une femme : elle avait été
tuée à côté de lui dans un combat avec des voltigeurs qui la
prirent pour un homme, à cause du manteau dont elle était
enveloppée.

On ne saurait douter que tous ces contumaces ne reçoivent
des secours réguliers et suffisants pour assurer leur existence.
La protection qu'ils trouvent dans les villages est un des
obstacles les plus sérieux à la répression des crimes dont ils
se sont rendus coupables. Le peuple corse n'attache pas à la
vie de bandit le caractère d'ignominie que lui infligent tous
les pays civilisés. Comment se résoudre, par exemple, à rava-
ler au rang des assassins vulgaires, ceux qui tuent pour voler,
un fils qui, impatient des tribunaux ou mécontent de leurs
arrêts, aura vengé la mort de son père dans le sang de

l'homme qu'il suppose l'avoir assassiné? De quel droit refuse-
rait-on son estime au frère généreux qui aura poignardé le
séducteur de sa sœur, opiniâtre à refuser une réparation?
Ainsi, chacun raisonne le meurtre selon ses préjugés, sans
s'enquérir du crime, mais seulement en vue des circonstances
qui l'ont fait commettre. On s'habitue à demander aux armes, et quelles armes! ce que la justice sociale seule a le
droit d'accorder. On profane les plus nobles sentiments du
cœur, la tendresse paternelle, la piété filiale, en plaçant sous
leur égide des crimes abominables qu'aucun prétexte au
monde ne saurait justifier ni atténuer devant la conscience.
Et puis, ce n'est plus seulement les nobles sentiments qu'on
invoque quand la passion commande; une simple querelle de
cabaret, une rivalité malheureuse, une parole blessante suffisent pour aiguiser les stylets et pour envoyer au makis une
recrue nouvelle. La Corse compte en ce moment plus de vingt
contumaces tout couverts de sang versé pour des motifs futiles
et vraiment déplorables. — « Pourquoi êtes-vous ici, disais-je
à un jeune homme de vingt-deux ans, détenu dans la prison
de Corte? — Pour avoir tué un homme, répondit-il avec
sang-froid. — Et pourquoi l'avez-vous tué? — Parce qu'il me
menaçait; j'ai pris les devants... Et puis, voyez-vous, j'étais
armé. »

Cette fatale habitude de porter des armes peut être considérée comme l'une des causes les plus fréquentes des innombrables meurtres qui sont commis en Corse. Aussi, à plusieurs reprises, des mesures énergiques ont été ordonnées
pour le désarmement général des habitants. En 1715, les
Génois prohibèrent le port d'armes, et publièrent un tableau,
probablement exagéré, des meurtres commis pendant les

8.

vingt-deux années précédentes; ils s'élevaient à plus de *mille* par année. Après la conquète de l'île par la France, une ordonnance parut, en 1769, qui interdisait, sous peine de mort, le port d'une arme à feu. Une nouvelle déclaration du roi, du 4 mars 1770, réitérait cette défense, à laquelle M. de Marbœuf ajouta des procédés d'un caractère tout à fait prévôtal pour l'extermination des bandits et de leurs adhérents. Paoli, qui voulait en finir avec eux, rendit leurs parents responsables; un arrêté des consuls, de l'an XI, prescrivit le désarmement de toutes les familles de contumaces. Dans l'état actuel de notre législation, il était difficile de refuser à tous les citoyens corses la faculté de porter les armes aux conditions voulues par la loi; on s'est donc borné à exiger sévèrement les permis de port d'armes, et à poursuivre quiconque serait reconnu en état de contravention. La cour royale de Bastia a prêté main-forte à l'autorité, et si le nombre des crimes n'a pas diminué depuis cette mesure, c'est que toutes les armes n'ont pas été remises; mais on doit espérer que le désarmement, même incomplet, portera bientôt d'heureux fruits. L'habitude asiatique de sortir constamment en armes multipliait nécessairement les occasions de rixes et les crimes, augmentait l'importance des particuliers et les faisait trop volontiers recourir à la force, au lieu de s'adresser à la justice. Les amis éclairés de la Corse ne sauraient trop applaudir à l'emploi d'une mesure qui seule peut mettre un terme aux brigandages dont cette île est encore infestée. En vain quelques catastrophes récentes semblent-elles dues au respect des victimes pour ce décret de désarmement; nul ne saurait douter que le crime soit toujours prêt à dévorer sa proie, quelque précaution qu'elle prenne pour lui échapper.

La sévérité croissante du jury n'a pas peu contribué à contenir les ressentiments excités par la privation du droit illimité de porter les armes. On sait que le jury, établi en Corse en 1792, y fut suspendu le 22 décembre 1793, et que cette suspension s'est maintenue jusqu'en novembre 1830. La Corse, pendant cette longue période, s'est trouvée soumise, soit au régime militaire, soit au régime des cours criminelles, et la statistique ne prouve pas que cette répression impériale ait produit une diminution notable dans le chiffre des crimes. Un moment, toutefois, ce chiffre a augmenté à l'époque de la restauration du jury, pour descendre bientôt après à la moyenne ordinaire. Le jury a compris que sa mission était décisive, et qu'il dépendait de la sincérité de ses verdicts de repeupler la Corse d'assassins ou de l'en purger entièrement. L'Académie a vu que ce dernier espoir n'était pas encore permis ; mais il y a peu d'années, il était défendu. L'audace des bandits allait jusqu'à interdire le travail sur telle ou telle propriété, parce qu'elle appartenait à quelqu'un de leurs ennemis. J'ai même rencontré dans les bureaux de la préfecture d'Ajaccio, un vieux militaire que je pourrais nommer, auquel un bandit de son voisinage avait demandé deux cents francs par an sur sa pension. Le militaire indigné s'était refusé, comme on pense bien, au payement de cet impôt humiliant. A quelque temps de là, ses terres furent mises en interdit, et il lui fut impossible de trouver un homme qui les voulût labourer, sous la menace de mort répandue par le bandit. Il fallut donc se résigner à capituler et envoyer la somme. Le capitaine L. craignait qu'on ne lui demandât bientôt un second versement, et il venait réclamer le secours du préfet quand je le vis. Que penser d'un pays où de sembla-

bles attentats demeurent impunis, parce que les malfaiteurs
trouvent un asile inviolable dans les broussailles!

Aussi, à différentes époques, a-t-on proposé tantôt d'envoyer des colonnes mobiles, tantôt de brûler les makis, ou
bien de suspendre la liberté individuelle, d'arrêter les parents
des contumaces et de forcer ceux-ci à se rendre ou à quitter
le pays. L'expérience a prouvé que les bandits ne se ren-
daient jamais, et que leur exil n'était pas toujours une garantie de sécurité pour leurs ennemis. Les contumaces ont
une horreur invincible pour les prisons, même avec la certi-
tude d'être acquittés. J'en ai entendu avouer qu'ils aimaient
mieux vivre perpétuellement dans les bois, au risque de se
faire tuer dans une rencontre de voltigeurs, que de venir se
constituer prisonniers avec la chance presque assurée d'être
absous par jugement. On en a vu revenir de l'île de Sardaigne, où ils ont fondé une colonie, assouvir leur vengeance et
retourner tranquillement dans cette Nouvelle-Galles du Sud
méditerranéenne. Cette circulation s'opère avec une facilité
extrème. En revenant de Bonifacio à Sartène, j'ai fait route
avec un jeune homme qui venait d'embarquer sur un point
désert du littoral, un de ces bandits implacables, dont il
ramenait, disait-il, la mule au logis. Le bandit avait donc son
logis et sa mule, et ce jeune homme, qui n'était pas son fils,
croyait avoir fait la chose la plus simple et la plus naturelle
en le reconduisant à Bonifacio, comme il nous accompagnait
à Sartène. Cette ville sinistre me rappelle l'inimitié sanglante
qui éclata en 1830, et qui transforma momentanément ses
rues immondes en un champ de bataille. On s'assassinait par
les fenêtres, par les toits, à bout portant. Treize habitants,
faut-il le dire, des plus notables furent traduits devant la

cour d'assises sous l'accusation d'assassinat avec préméditation. Pendant plusieurs semaines, personne n'osa sortir de peur d'être égorgé ; on s'observait du haut des maisons, derrière les jalousies, par les trous des serrures. La paix n'est pas signée encore entre tous les ennemis, et le premier magistrat de l'arrondissement m'a montré la demeure d'un prêtre qui se tient barricadé depuis plusieurs années, tant sa frayeur est grande de recevoir le coup fatal d'une main invisible.

Et pourtant, aucun pays n'offre plus de sécurité au voyageur que ce pays, en proie sur quelques points à toutes les fureurs de la *vendetta*. C'est seulement quand il se mêle, par la naturalisation ou par le domicile, aux intérêts locaux, que l'étranger encourt ces disgrâces périlleuses si souvent suivies de malheur. On ne saurait nier aussi que les succès d'un étranger n'excitent quelque jalousie parmi les classes peu éclairées de la population, comme on le voit dans beaucoup d'autres pays. Cette crainte en a empêché un grand nombre de s'établir dans l'île; mais chaque jour voit disparaître ce préjugé aveugle, et les Corses commencent à comprendre que leur intérêt bien entendu est de vivre en bonne harmonie avec les hommes qui viennent vivifier leur territoire et en accroître les productions. Tous les défauts de ce peuple viennent presque toujours de l'exagération d'un sentiment généreux. Je ne connais rien de plus touchant que la tendresse profonde des enfants pour leurs pères, et des pères pour leurs enfants. J'en ai eu une preuve que l'Académie me permettra d'appeler sublime, quand j'aurai pris la liberté de la lui offrir.

Quand je fis la visite des prisons de Corte, je trouvai un

enfant de dix-sept ans, détenu, par suite d'une rixe, au milieu de quinze ou vingt assassins, faute d'autre local. Il avait
été condamné à six jours de prison, et il était détenu ad-
ministrativement depuis trente jours, faute d'avoir pu ac-
quitter les frais du jugement, qui s'élevaient à soixante francs
environ. L'Académie pense bien que je m'empressai de payer
en son nom la rançon de ce malheureux. Quand je le con-
duisis, déjà libre, à la porte de la prison, on me montra un
homme debout à côté du factionnaire, et qui se tenait là depuis trente jours, immobile et silencieux, ne comprenant
rien aux lois fiscales, et attendant chaque jour qu'on lui ren-
dît son fils. Il était décidé à attendre indéfiniment. Il ne se
couchait point : il vivait des charités que lui faisaient les pas-
sants. Je ne saurais vous exprimer les sensations éprouvées
par cet homme, quand je lui jetai son fils entre les bras, ses
regards pleins de larmes et cette tendresse vraiment mater-
nelle qui formait un si étrange contraste avec sa barbe inculte
et sa physionomie sauvage. Parti le lendemain de Corte, ma
voiture versa, et il me fallut revenir à pied à la ville dont
j'étais déjà fort éloigné. Ces deux hommes avaient appris notre
accident ; et quand je retournai le soir auprès de notre chariot
raccommodé, je les trouvai faisant sentinelle auprès de nos
bagages. Ils ne les avaient pas quittés de toute la journée.
— « Nous n'avons d'autre richesse que nos enfants, me disait
un jour un de nos guides ; aussi, nous y tenons, et ils tien-
nent à nous. Plus nous en avons, plus ils nous en donnent,
et plus nous sommes contents. » Ne sont-ce pas là, Messieurs,
de nobles sentiments ?

Il y a un contraste étrange à observer dans l'état moral
et économique de la Corse ; c'est l'insuffisance des travail-

leurs et la paresse des habitants. On ne s'explique pas facilement, au premier abord, l'arrivée périodique de ces huit ou
dix mille Italiens qui viennent tous les ans, sous le nom de
Lucquois, ravir aux indigènes les produits du travail agricole, et qui s'en retournent les poches pleines quand les
récoltes sont finies. A voir la foule oisive qui se repose à
l'ombre des grands arbres ou sous les porches des églises,
on se croirait transporté chez un peuple de seigneurs. Nul
ne travaille, en Corse, au delà du temps nécessaire pour
gagner sa nourriture du mois ou de l'année, et comme cette
nourriture est très-simple, la sobriété des habitants vient
en aide à leur oisiveté. Aucune tentation ne les excite à con-
sommer des produits qu'ils ne connaissent point, et par
conséquent à travailler pour les acquérir. Entrez dans la
demeure d'un Corse de la campagne, vous y trouverez rarement même les misérables meubles qui garnissent nos plus
humbles chaumières. Père, mère et enfants reposent pêle-
mêle sur le même lit, ou sur la même paille; une table gros-
sière suffit à l'étalage de toute la vaisselle du ménage. Les
chaises sont fort rares, le linge ne l'est pas moins. Le plus
souvent une pierre carrée placée au milieu d'un grenier ouvert à tous les vents sert de foyer à la cheminée absente,
et l'on voit pendre aux solives à peine équarries du plafond
de longues stalactites de suie et de poussière. J'ai assisté à la
célébration d'un mariage dans un hôtel de ville ainsi meublé,
et éclairé, en guise de flambeaux, par des bûchettes de pin
résineux dont l'épaisse fumée nous prenait à la gorge. Qu'y
a-t-il à espérer pour l'industrie chez des hommes si simples?
Quels débouchés pourraient-ils lui offrir? Aussi l'industrie
est-elle nulle en Corse. On y fait tout venir d'Italie et de

France, et jusqu'à ce jour aucune exploitation importante
n'a pu s'établir avec avantage sur un seul point du territoire.

Il n'est pas facile de plier aux habitudes sévères du travail
des hommes qui n'ont jamais eu l'occasion d'apprécier les
jouissances qu'il procure. Pour combien de ces hommes le
plus vulgaire ustensile de nos ménages ne serait-il pas aujourd'hui une merveille des arts ? Le temps marche pour
nous, il est immobile pour eux. Il y a tel canton de l'île où
le premier aventurier en état d'expliquer un briquet phos-
phorique, se ferait passer aisément pour un demi-dieu. Dans
ces contrées sauvages, où règne une aristocratie réelle en
veste de velours, les gens comme il faut vont à la chasse;
c'est l'industrie par excellence. Il y a en Corse des renom-
mées de chasseurs, comme il y a en Angleterre des répu-
tations de mécanicien, et en Italie des célébrités musicales.
L'industrie des places vient ensuite, et les Corses s'y préci-
pitent avec une ardeur qui explique leur répugnance pour
tous les travaux manufacturiers. Une recette de percepteur,
un siége de juge de paix, un bureau de poste, une chaire de
maître d'école, y soulèvent des ambitions profondes et infa-
tigables. On commande, on est obéi. On ajoute au produit
de sa vigne ou de ses oliviers les modestes émoluments de sa
place, et l'on se trouve heureux. Là, point de hasard à cou-
rir, pas de machine à monter, point de débouché à poursuivre; on n'y dispute point sur la balance du commerce, et
les prohibitions n'y font pas de jaloux. Chaque jour ressemble au jour qui précède, et la manne descend du chef-lieu
avec les mandats ordonnancés du préfet.

Il n'y a donc point de population industrielle en Corse,

puisque l'agriculture même, qui est la seule industrie du
pays, ne trouve pas dans ses habitants le nombre de travailleurs suffisant pour son exploitation. C'est l'absence
de capitaux qui a frappé d'une stérilité tout artificielle cette
terre si admirablement féconde, et le génie si actif de ses
enfants. La statistique vient en aide à l'observation, quand
on cherche à réduire à sa véritable expression l'état déplorable dans lequel la Corse végète aujourd'hui. Il résulte des
calculs officiels qui ont été faits, à cet égard, que la contri-
bution foncière par tête ne s'y élève qu'au cinquième de ce
qu'elle est en France. La proportion est à peu près du quart
pour la totalité des contributions personnelles et mobiliaires,
et du tiers environ pour les patentes. Les payements que le
trésor effectue dans le département sont quatre fois plus considérables que les recettes, et cependant la Corse est à peu
près exempte du régime des impôts indirects. Les dépenses
s'y distribuent aussi d'une manière qui mérite toute l'attention du moraliste et de l'homme d'État. Ainsi, les crédits
appliqués à l'entretien de la cour royale, à la tenue des
assises, aux justices de paix, sont encore, proportionnelle-
ment à la population, trois ou quatre fois plus considérables
en Corse que dans le reste de la France. Les frais de justice
le sont six fois davantage. Par contre, les dépenses des ponts
et chaussées ont été plus faible d'un tiers, jusqu'à l'ouverture
du crédit de quatre millions huit cent mille francs, con-
cédé par la législature en 1837, crédit qu'on peut regarder
comme la source de la prospérité future de l'île. Un savant
statisticien, qui a publié sur la Corse des recherches du
plus haut intérêt, a fait remarquer que si ce département
n'exigeait qu'une force publique égale à celle de chacun des

9.

quatre-vingt-cinq autres, l'État y ferait, sur le seul chapitre de la gendarmerie, une économie de près de cinq cent mille francs par an, qui pourrait être employée sur les lieux en améliorations de tout genre.

Le grand problème à résoudre pour le perfectionnement de l'état économique et moral de la Corse, consiste à trouver les mesures les plus capables de garantir de toute atteinte la sécurité des personnes et des propriétés. Au premier rang de ces mesures, nous plaçons hardiment le développement de l'esprit industriel dans le pays. Il doit, en effet, paraître étonnant que dans une contrée où il n'y a point de pauvres, et dans laquelle on compte peu de citoyens qui ne soient propriétaires, nul ne travaille à l'accroissement de la richesse, et n'essaye de sortir de la médiocrité commune. A cet égard, les propriétaires les plus favorisés de la fortune manifestent la même insouciance que les bergers épars dans leurs makis. J'ai voyagé pendant des jours entiers sur des terres appartenant au même maître; il en louait ce qu'il pouvait : le reste était abandonné à la vaine pâture, et sans qu'il lui vînt à l'esprit d'employer à fertiliser les unes une partie du fermage qu'il retirait des autres. S'il avait mis le feu à ses broussailles, il en aurait extrait des potasses; s'il avait mieux exploité ses chênes-liéges, au lieu d'en envoyer les planches en Italie, il en aurait fait des bouchons, et ses compatriotes y auraient gagné la main-d'œuvre. Les crimes qui désolent la Corse sont le fruit de l'oisiveté volontaire ou forcée de la majeure partie de ses habitants, et l'oisiveté n'est que la conséquence du défaut d'industries profitables. Aussitôt que la carrière sera ouverte aux intelligences et aux intérêts, toute l'activité qu'on dépense aujourd'hui en stratégie électorale et en dissensions intestines tournera au profit de la richesse publique. Une sucrerie de betteraves, une magnanerie, une distillerie, vaudront mieux qu'une justice de paix ou qu'un bureau de poste. Les dépenses des assises diminueront et les recettes du fisc ne tarderont pas à augmenter.

L'Académie me permettra d'indiquer d'une manière plus précise cette face tout économique de la question, et de signaler à la Corse elle-même les moyens de l'aborder avec fruit. Les Corses s'estiment trop sous un rapport et se déprécient trop sous un autre. C'est un préjugé généralement répandu parmi eux, qu'ils ne sauraient entrer en lutte avec les vieilles industries du continent. Ils se demandent comment, sans capitaux et sans expérience, dans un pays sans routes et sans villes importantes, ils pourraient espérer de rivaliser avec la puissance des machines, et l'économie des transports par canaux et rivières. Je réponds que la lutte est possible, mais à des conditions appropriées à la nature du sol et au caractère des habitants de la Corse. Conçoit-on, par exemple, que dans une île capable de nourrir un million d'hommes, la terre ne suffise point, habituellement, à la production des céréales, et que· dans certaines années, comme celle qui finit, la plus cruelle disette puisse affliger certains cantons, tels que ceux de Prunelli et d'Isolaccio, qui dominent la plaine magnifique du Fiumorbo! La plus incroyable barbarie préside encore à la plupart des exploitations: pour écorcer un arbre, on l'abat; pour s'en débarrasser, on le brûle. Dans quatre ou cinq forges corses où l'on a trouvé le moyen de fabriquer du mauvais fer avec d'excellent minerai, il se fait un gaspillage de charbon tellement considérable, qu'on est réduit à s'applaudir du peu de succès de l'industrie métallurgique, dans l'intérêt de la conservation des forêts. Il y a des troupeaux de moutons immenses, dont le nombre total est évalué à cent cinquante mille têtes, et le prix de la laine dépasse rarement un franc le kilogramme. Plus de vingt mille porcs errant dans les bois où leur nourriture ne coûte presque rien à la propriété, devraient fournir un profit annuel de près de 600,000 francs, et ne donnent qu'un mince revenu en nature. Les chevaux, les vaches, les mulets, tout est étiolé, maigre, rabougri. Il y avait jadis beaucoup d'abeilles qui produisaient de la cire et du miel renommés : les abeilles disparaissent peu à peu, et leurs riches produits avec elles. Tout a dégénéré dans ce pays entre les mains de l'homme; la nature seule est demeurée luxuriante et féconde, comme pour lui servir d'encouragement et d'exemple.

J'ai déjà indiqué la culture du mûrier comme l'une des plus précieuses ressources du pays. Les premières tentatives de magnanerie ont donné les plus admirables résultats qu'on pût espérer. Quelques échantillons de soie corse ont rivalisé avec les qualités supérieures du Piémont et de la Lombardie. Mais personne ne plante. Il faut avoir le courage de répéter que les pépinières départementales sont encombrées de jeunes mûriers, et que l'incurie des habitants n'en sait tirer aucun parti. Le maïs de la Corse égale en vigueur et en fécondité celui des bords de l'Adour et de la Nive, qui n'est comparable à aucun autre en Europe. Partout où l'on en a semé, il a libéralement défrayé le cultivateur de ses avances; mais quand le moment de la récolte est venu, c'est un triste spectacle que de voir les épis égrenés à coups de massue et réduits en bouillie

sur l'aire même où l'on devrait le mieux travailler à leur
conservation. Les plantes aromatiques du pays sont douées
des propriétés les plus énergiques; dans certaines vallées,
l'air paraît saturé de leurs émanations, et l'on rencontre des
tubéreuses de trente centimètres, qui se balancent sur des
tiges de quatre ou cinq pieds, comme sous la zone torride.
C'est là que l'industrie des parfumeurs devrait établir ses
grands ateliers de fabrication d'huiles essentielles, qui assu-
rent à la seule ville de Grasse un revenu annuel de plusieurs
millions, dans le département du Var. Les tanneries semblent
une industrie indigène en Corse, où nulle condition ne man-
querait à leur succès, abondance des matières premières,
écorce de tan, eaux limpides et courantes; et cependant,
elles languissent. Les papeteries n'y offriraient pas moins
d'avantages, grâce aux nombreux cours d'eau qui descendent
des montagnes, et à la facilité des approvisionnements en
chiffons sur tout le littoral de la Méditerranée. Les savonneries
et les verreries auraient peut-être à triompher plus difficilement de la rivalité de Marseille; mais quels avantages ne
trouveraient-elles pas dans la réunion sur le même terrain,
des huiles, des graisses, des potasses et du combustible nécessaire pour leur mise en œuvre!

Toutefois, et sans anticiper sur un avenir encore éloigné,
la Corse a des ressources industrielles d'un caractère que
j'appellerai *domestique*, et par l'exploitation desquelles de-
vront commencer ses premiers essais de fabrication : je veux
parler de ces nombreuses industries exercées à domicile,
comme la serrurerie en Picardie, les toiles dans le Nord, la
vannerie sur d'autres points, qui offriraient tout à la fois
un débouché aux produits naturels du pays et des occupa-

tions d'hiver ou d'été à ses habitants. Telle est l'exploitation
des marbres et granits qui seraient débités par des scieries
hydrauliques, puis taillés et polis dans les chaumières, et
expédiés ensuite aux fabricants d'objets d'art sur le continent. Les pins, les chênes, les hêtres, périssent sur place ?
faute de moyens de transport; qui peut dire jusqu'où s'éten-
draient leurs débouchés, si ces arbres, aujourd'hui inutiles,
étaient transformés en objets de boissellerie, minoterie, en
sabots, et même en simples madriers d'un volume compatible
avec l'état actuel des communications! Les vins de la Corse
sont éminemment propres à la distillation et donnent des ?
alcools réputés excellents parmi les meilleurs de l'Europe;
cette industrie, naturalisée au Cap et dans les vignobles
généreux de Tallano et de Sartène, dédommagerait les cultivateurs de l'incertitude habituelle du produit de leurs vi-
gnes. Qui empêcherait les filateurs et les tisserands du Niolo ?
d'améliorer leurs procédés et de naturaliser dans leurs
âpres montagnes quelques-uns des métiers perfectionnés de
nos villes ?

Je ne dois pas dissimuler, néanmoins, qu'au moment où
je parle, c'est par des essais plus hardis que l'industrie se
prépare à pénétrer dans le sein de la Corse. Des études sé-
rieuses ont été faites par plusieurs de nos ingénieurs sur le
meilleur emploi des forêts magnifiques dont la nature a doté
ce pays, et l'on s'accorde généralement à les considérer
comme des magasins de charbon propres à l'extraction du
fer des mines inépuisables de l'île d'Elbe. Plus tard, on utili-
serait les minerais de la Corse elle-même; mais on s'en tien-
drait actuellement à la simple exploitation des charbons et
des chutes d'eau naturelles du pays. De quelque manière que

le travail s'introduise, il en résultera toujours des éléments
de civilisation; l'esprit d'entreprise ne pourra manquer de
se répandre et de porter d'heureux fruits. Quiconque a pu
étudier de près le caractère hardi et entreprenant des Corses
ne saurait assister avec indifférence à ce premier appel
adressé à leurs lumières et à leur patriotisme. Il est impossi-
sible qu'ils persistent dans la routine des vieux âges. Partout où les étrangers ont apporté l'exemple de quelque inno-
vation utile, ils se sont vus imités sans délai. Déjà même,
sur la route royale de Bastia à Ajaccio, on rencontre quelques voitures de roulage, à l'usage desquelles les muletiers se
sont accoutumés. La seule diligence établie entre ces deux
villes, présente encore le caractère d'insuffisance que nous
avons signalé en parlant de l'entreprise des paquebots de la
correspondance maritime. Les moyens de communication sont
aujourd'hui en Corse un élément trop essentiel de civilisation
et de richesse pour qu'on hésite à les défendre avec sollicitude
contre les atteintes de la négligence ou de la cupidité. Tant
qu'il n'existera point entre les principales régions de l'île des
relations régulières et fréquentes, il n'y a rien à espérer
pour leur prospérité. Chaque commune continuera de végéter dans l'ignorance héréditaire dont aucune influence ne
pourra la guérir. Il y aura une noblesse à Sartène et des rues
tellement impraticables qu'on peut à peine y circuler à cheval.

L'une des principales causes de l'état arriéré où se trouve
la Corse, c'est l'habitude de compter sur les secours du gouvernement pour des travaux qui n'excèdent ni la compétence
ni les ressources des communes. J'ai traversé plus de cinquante villages qui sont de véritables cloaques, et qu'un seul
arrêté de l'autorité municipale assainirait en vingt-quatre

heures. Il suffirait d'assujettir les habitants à l'observation des règlements les plus élémentaires de police sur l'écoulement des eaux ménagères, sur les dépôts d'immondices et sur la surveillance des animaux domestiques. Loin de là, ces animaux partagent avec l'homme la meilleure partie de ses habitations, et le fumier qu'ils produisent n'étant jamais porté dans les champs, finit par infecter à la longue des villages tout entiers. J'ai trouvé la citadelle de Saint-Florent occupée par un troupeau de cochons; la fièvre en avait chassé les soldats, qui auront dû avoir quelque peine à l'assainir après leur retour. Il est impossible de citer un seul hameau qui ne présente cet aspect déplorable et révoltant. Pour monter d'un étage à l'autre, dans les habitations, il n'y a point d'escaliers, mais seulement des éch   s en bois. Ces échelles rapides n'ont pas même une ramp ou bien un garde-fou. Les croisées n'ont pas de vitres, le plus souvent. Les portes ne ferment point. Si quelques monc   x de pierres obstruent les avenues d'une maison, personne ne prend la peine de les ôter. Un arbre tombe-t-il au travers d'un sentier, on fait le tour de l'arbre, on trace un sentier nouveau, ou bien les habitants enjambent l'obstacle et se résignent, comme de vrais musulmans, à la volonté de Dieu. En vain, se plaindraient-ils du manque de capitaux qui les empêche, disent-ils, de rien entreprendre; il n'est pas besoin de capitaux pour débarrasser la voie publique d'un dépôt de contrebande; le tribunal de simple police suffit. On ne saurait concevoir combien cette habitude de vivre stoïquement au milieu des immondices, contribue à l'indifférence pour toutes sortes d'améliorations. De quelle industrie peut-on espérer doter un peuple qui n'éprouve pas même le besoin d'utiliser l'eau claire de ses fontaines?

C'est aux hommes éclairés du pays qu'il appartient de donner à cet égard des exemples décisifs, au lieu de céder à l'insouciance générale et de se laisser atteindre par la contagion. Le mal est si grand, si commun, qu'ils ne s'en aperçoivent pas; ce serait un progrès de s'en apercevoir. Le signe distinctif de la dignité humaine, c'est la propreté; non pas seulement la propreté élégante et coûteuse de nos villes, mais cette propreté économique et simple qu'on appelle *salubrité*, et qu'on obtient au moyen de la plus légère surveillance. Tant que celle-là ne sera pas naturalisée en Corse, il ne faut point songer à y créer des industries, même purement domestiques. A quoi serviraient des fabriques de bas dans un pays où les femmes n'en portent jamais et traînent en toute saison de hideuses chaussures? Les verreries ne soutiendraient pas aisément non plus la concurrence de ces petits tonneaux cerclés en fer qui servent de carafes, ni de ces gobelets végétaux qu'on appelle des gourdes et qui passent de bouche en bouche, quels que soient le rang, le sexe et l'âge des convives. Tout est donc à créer, mais surtout les besoins qui stimulent la production et qui inspirent le désir de travailler pour les satisfaire. La création des routes et la fréquentation des ports contribueront puissamment à cet utile résultat, avec la sécurité des personnes, quand celle-ci sera garantie par une distribution impartiale de la justice locale et des emplois publics. C'est revenir forcément, comme on voit, à une conclusion déjà énoncée, mais c'est la faute du sujet : toutes les difficultés qu'on rencontre en Corse, quand il s'agit du bien public, viennent de la résistance des particuliers, de leurs rivalités haineuses, de leur esprit étroit de localité. Je n'ai pas passé par un village qui ne fût en hostilité avec le village voisin :

les habitants de l'île Rousse luttent de prétentions avec ceux de Calvi; les gens de Speloncato ne peuvent pas souffrir ceux de Belgodere; Ghisoni voudrait accaparer la justice de paix de Vezzani, comme la ville de Bastia désirerait avoir la préfecture, qui est à Ajaccio; et l'intérêt de la Corse finit par disparaître devant ces intérêts de Myrmidons.

Je descendrais à mon tour dans des détails trop minutieux s'il me fallait suivre toutes ces procédures communales qui vont mourir dans les cartons de l'administration, semblables aux torrents du pays, dont l'embouchure se perd, après un cours inutile, dans les sables ou dans les marais. Quiconque a mis le pied en Corse a dû être assailli de ces misérables querelles domestiques qui commencent aux chefs-lieux et qui s'étendent jusqu'à la famille. C'est là ce qui mine, depuis plusieurs siècles, la constitution robuste du pays, bien plus que la fièvre et le mauvais air. L'on dirait deux peuples ennemis, l'un en deçà, l'autre au delà des monts, et qui n'ont obtenu jusqu'ici, dans leurs hostilités, que des victoires favorables à leur ruine commune. Aussi la vieille politique de la métropole s'est bornée à refuser, toujours sûre de plaire, pourvu qu'elle évitât d'accorder. On en a vu des preuves affligeantes dans l'état d'abandon où sont demeurées les sources d'eaux minérales, si riches et si efficaces, dont l'île est depuis si longtemps en possession. La lutte des intérêts locaux les a fait négliger toutes, et elles sont aujourd'hui dans le plus triste dénûment, malgré l'excellence de leurs qualités curatives. Les plus favorisées possèdent à peine une misérable piscine, préservée du soleil par quelques branches de sapin, et les autres coulent sur le sol qu'elles devraient enrichir, sans y laisser d'autres traces que celles de quelques précipités insolubles. Je crois

pouvoir assurer à l'Académie, d'après les autorités les plus
respectables, qu'il n'existe en Europe aucune source comparable à celle de Puzzichello pour la guérison radicale de certaines affections invétérées et réputées incurables. Les eaux
de Pietrapola se placent sur le même rang que celles de Ba-
réges ; les bains de Guagno, les eaux d'Orezza produisent chaque année des cures merveilleuses, et seraient indubitablement
fréquentées par des milliers de visiteurs, si les abords en
étaient plus accessibles et le séjour mieux approprié à l'état
de la civilisation médicale.

Le commerce ne pouvait manquer de se ressentir de la faiblesse ou plutôt de la nullité du développement industriel. Il
est réduit en Corse aux proportions les plus exiguës, si tant
est qu'on puisse donner le nom de commerce à des spéculations
sans étendue et sans portée. Le sel aurait pu devenir un objet
d'exportation considérable, et les seules salines de Porto-
Vecchio en ont fourni jusqu'à dix mille quintaux métriques
sous l'empire ; mais elles sont aujourd'hui dans un état tout
à fait stationnaire. Le vieux nègre qui les dirige depuis plus
de trente ans m'a fait le triste aveu que ce travail dangereux
lui rapportait à peine huit cents francs par année. La pêche
du corail est à peu près abandonnée; celle du thon a rencontré dans les madragues de la Sardaigne une concurrence
victorieuse. Six à sept cents bâtiments, du port de quatorze
à quinze mille tonneaux, représentent la moyenne annuelle
des exportations du pays, qui consistent principalement en
huiles, en peaux, en vins de liqueur, suifs bruts et bois à
brûler. Quelques sortes de fruits secs, d'oranges et de fro-
mages, complètent ce catalogue infiniment trop borné. Néanmoins, la place de Bastia semble recevoir chaque année un

nouvel accroissement de richesse; sa belle situation en face
des côtes d'Italie, où l'on se rend en huit heures, le perfectionnement de la culture dans sa banlieue donnent à cette
petite ville un air d'aisance et d'activité qui contraste d'une
manière frappante avec l'aspect solitaire et désolé des autres
villes. Déjà son port est incapable de suffire aux besoins du
commerce; trois bateaux à vapeur auraient beaucoup de peine
à y exécuter librement leurs manœuvres, et le débarcadère
est trop loin de l'entrée. Le même inconvénient se fait sentir
à l'île Rousse, entrepôt principal des huiles de la Balagne,
et qui n'a d'autre port qu'un bassin ouvert à tous les vents.
Si l'on veut sérieusement faire sortir la Corse de l'état de
torpeur où elle est restée plongée pendant tant de siècles, il
faut donner au commerce les moyens d'y aborder avec sécurité; il faut achever par l'art ce que ce beau pays a reçu de
la nature. La plus riche mine du monde a besoin, pour être
exploitée, d'un puits, d'une galerie, d'une machine à épuise-
ment; la Corse attend toujours ces premières avances qu'elle
rendra bientôt avec usure à la mère patrie.

Je ne connais pas de spectacle plus admirable que celui
des golfes nombreux dont les rivages de l'île sont parsemés.
La rade de Saint-Florent est aussi belle que celle de Toulon;
Porto-Vecchio pourrait rivaliser avec Brest. Le golfe d'Ajaccio, ceux de Galeria, de Porto et de Girolata, ceux de Va-
linco et de Ventilegne, le mouillage de Figari et de Sainte-
Manze, la crique de Bonifacio, où les navires sont comme
enfermés sous clef et garantis du vent jusque par-dessus leurs
mâts de perroquet, offrent aux marins des asiles assurés contre les tempêtes. Et cependant, la plus profonde solitude y
règne; on croirait, à voir leur physionomie désolée, qu'on vient

d'aborder sur quelque plage inconnue de l'Amérique ou de
l'Océanie. Puis, tout à coup, à l'entrée des villes ou des villages, une végétation colossale complète l'illusion; quelques
orangers en pleine terre, quelques palmiers épars sur le flanc
des rochers, quelques haies de cactus et de figuiers qui ne
protégent rien, transportent l'imagination dans les régions
tropicales. Tant de richesses seront-elles à jamais stériles?
Ces terres d'alluvion ne se couvriront-elles pas de moissons,
ces rades de navires et ces forêts d'usines? La Corse sera-
t-elle toujours une véritable *Botany-Bay*, peuplée de contumaces? Avons-nous détruit la piraterie à Alger pour la conserver sous le nom de *vendetta* à Bocognano et à Sartène? Ne
laisserons-nous pas tomber sur une île française quelques
miettes du festin qui se prolonge depuis huit ans en Afrique?
Deux cent vingt mille de nos concitoyens ne méritent-ils pas
autant d'intérêt qu'un million de Bédouins? Je finis par ces
humbles questions l'aperçu trop rapide que je viens de donner de l'état industriel et commercial de la Corse. Que le
gouvernement poursuive avec persévérance son voyage de dé-
couvertes dans cette île; qu'il achève le cours des travaux
bienfaisants qu'il y a commencés, et j'ose prédire qu'avant
un quart de siècle nous aurons fait une conquête plus réelle
que toutes celles qui coûtent des flots de sang.

L'Académie a déjà pu apprécier par le simple exposé des
faits qui ont passé sous ses yeux, le degré d'intérêt qui s'attache aux progrès de la civilisation en Corse. On a vu tout le
parti qu'il serait possible de tirer de ce pays, au moyen du
développement de l'agriculture et de l'industrie. On sait les
causes qui s'opposent encore à ce développement si désirable,
et qui touchent de si près aux plus hautes questions de mo-

rale et d'administration. Il nous reste à jeter un coup d'œil
rapide sur la situation des prisons et des écoles pour com-
pléter le compte rendu de nos observations.

S'il fallait juger de l'état moral de la Corse par celui des
prisons de cette île, il n'y en aurait pas dans le monde de
plus digne de pitié. Nulle part, en effet, nous n'avons vu un
tel oubli des droits les plus sacrés de l'espèce humaine, qui
imposent aux pays civilisés l'obligation de traiter en hommes, même les criminels les plus indignes de ce nom. C'est
au point que j'ai longtemps hésité à entretenir l'Académie de
ce triste sujet, dans la crainte d'encourir le reproche d'exagération, si je disais la vérité tout entière. Je la dirai néanmoins en ce qui touche les prisons, comme je crois l'avoir dite
en ce qui concerne le reste, et je m'estimerais heureux que ce
simple exposé appelât de nouveau l'attention de l'Académie
sur la question immense de la réforme des prisons. Il n'en est
peut-être pas de plus digne du but de son institution, et
dans laquelle il lui importe plus d'intervenir de tout le poids
de son autorité. Cette question n'a été traitée jusqu'ici que
dans des livres, et pour ainsi dire sous le feu des systèmes
contraires. Il serait à désirer qu'on l'amenât sur le terrain des
faits qu'on s'est trop plu à couvrir d'un voile officieux. Je
voudrais voir cette grande discussion commencer par le com-
mencement, par la description *au vrai* de l'état actuel des
choses, par l'examen de la plaie au grand jour, avant de songer à l'application des remèdes.

J'ai donc cru devoir visiter les prisons de la Corse sur trois
points différents de l'île, celles de Bastia, de Corte et de Sartène. Le même sentiment d'horreur et d'affliction m'a saisi
dans cette triple visite. Partout, j'ai trouvé les prisonniers

enfermés pêle-mêle, sans distinction d'âge ni de criminalité, jeunes et vieux , condamnés et prévenus , assassins et simples justiciables des tribunaux correctionnels. Nulle part, ces malheureux ne couchent dans des lits ; nulle part , ils n'ont de couverture ; nulle part ils n'ont même de la paille fraîche pour s'étendre pendant la nuit. La prison de Corte , composée de deux étages de caves, ne reçoit de lumière que par un soupirail. Dix détenus étouffaient dans cette espèce de sépulcre , quand je fus admis à y descendre. Plusieurs d'entre eux étaient accusés de crimes capitaux , et cependant ils avaient pour compagnon cet enfant de dix-sept ans, dont j'ai déjà parlé , retenu par mesure fiscale, pour frais de jugement. Une fosse d'aisances contiguë à ce repaire en recevait de l'air déjà vicié, qu'elle leur renvoyait méphitique. Mais ce qui passe toute croyance, et ce qui me semble digne d'attention dans un rapport sur l'état moral du pays, c'est que la chambre , ou plutôt le caveau de détention des femmes , ne reçût d'air, aussi, que de ce foyer d'infection, dont il n'était séparé, ainsi que du dépôt des hommes, que par une grille de fer à claire-voie. Deux femmes étaient là, voisines de ces hommes , l'une accusée d'assassinat, l'autre détenue correctionnellement pour délit d'adultère. On se figurerait difficilement la composition de cet enfer et l'horrible échange de paroles et d'idées qui devait avoir lieu chaque jour entre ces hommes, ces femmes et cet enfant. Que peut-on devenir en sortant d'un tel gouffre ?

Pour comble de surprise , on apprend que l'école publique , établie à Corte par un legs généreux du célèbre Paoli, occupe le rez-de-chaussée et tous les étages supérieurs de l'édifice dont les caves servent de prison à la ville. On prêche la morale aux enfants dans ces étages supérieurs ; on la pratique telle

11

www.ingramcontent.com/pod-product-compliance
Lightning Source LLC
Chambersburg PA
CBHW071234200326
41521CB00009B/1473